**BIBLIOTHÈQUE DES CAHIERS DE L'INSTITUT
DE LINGUISTIQUE DE LOUVAIN — 114**

Phonétique et morphologie
de la langue lydienne

par

Raphaël GÉRARD

PEETERS
LOUVAIN-LA-NEUVE
2005

D. 2005/0602/21   ISSN 0779-1666   ISBN 90-429-1574-9 (Peeters Leuven)
                                       ISBN 2-87723-849-0 (Peeters France)

© 2005 PEETERS   et   Publications Linguistiques de Louvain asbl
      Bondgenotenlaan 153
      B-3000 Leuven

Printed in Belgium

Phonétique et morphologie de la langue lydienne

par

Raphaël GÉRARD

Avant-propos

Une version préliminaire du présent ouvrage a été présentée sous la forme d'un mémoire de licence en langues et littératures orientales, défendu à l'Université catholique de Louvain (Louvain-la-Neuve) en juin 2001. Je remercie chaleureusement mon promoteur, le Professeur R. Lebrun, qui a guidé mes pas avec sagesse tout au long de cette entreprise. Je tiens aussi à exprimer mon immense gratitude aux lecteurs du mémoire, les Professeurs L. Isebaert et G. Jucquois, dont les critiques et remarques ont permis d'apporter à cet opuscule maintes améliorations. Je voudrais aussi remercier les Professeurs R. Gusmani et H. C. Melchert d'avoir pris la peine de lire le manuscrit et de m'avoir communiqué leur avis sur de nombreux points. Je ne voudrais pas non plus oublier les directeurs de la « Bibliothèque des Cahiers de l'Institut de Linguistique de Louvain », les Professeurs G. Jucquois et Y. Duhoux, qui ont accepté de publier mon livre dans leur prestigieuse collection. Je voudrais enfin remercier ma famille qui m'a soutenu et encouragé durant mon parcours scolaire et universitaire.

Table des matières

1 Introduction

1.1 *Brève présentation du corpus lydien et des travaux d'édition*

Le lydien est une langue à faible attestation : elle compte 113 inscriptions datant du 8ème au 2ème siècle a.C.n. et trouvées majoritairement sur le territoire de l'antique Lydie (partie centrale de l'Ouest anatolien), et plus particulièrement sur le site de sa capitale, Sardes. Les premières inscriptions importantes au niveau quantitatif et qualitatif (LW 1-39[1]) y ont été mises au jour entre 1910 et 1914 lors de la première vague de campagnes archéologiques américaines. Elles furent éditées partiellement par E. Littmann en 1916[2], et complètement par W. H. Buckler[3] huit ans plus tard. Cette dernière édition comprenait les documents épigraphiques découverts en dehors de Sardes[4] et répertoriait les gloses lydiennes et les anthroponymes non grecs trouvés en Lydie.

Après une interruption de 36 ans, les fouilles américaines de Sardes ont repris en 1958 et ne se sont plus arrêtées depuis lors. Le matériel épigraphique mis au jour jusqu'en 1984 (37 inscriptions) fut rassemblé par R. Gusmani dans le *Lydisches Wörterbuch*[5] (1964) complété par son *Ergänzungsband*[6] (trois fascicules de 1980 à 1984). Cet ouvrage intègre en outre les inscriptions du recueil de W. H. Buckler et celles découvertes en dehors de Sardes depuis 1924. Ajoutons qu'à côté du dictionnaire proprement dit et du recueil d'inscriptions, il présente une esquisse grammaticale, une partie bibliographique, de multiples index... Le *Lydisches Wörterbuch* de R. Gusmani est l'ouvrage de référence pour quiconque étudie la langue lydienne.

---

[1] Cfr *infra* § 1.5.2 pour nos conventions épigraphiques.

[2] LITTMANN 1916.

[3] BUCKLER 1924.

[4] Nous citerons notamment les inscriptions découvertes lors des expéditions de J. Keil et A. von Premerstein en 1906, 1908 et 1911 : il s'agit de LW 41-47.

[5] *LW.*

[6] *LWErg.*

1.2 *Les faits saillants des études lydiennes*

Bien que des inscriptions lydiennes aient été découvertes à partir de 1873[7], les recherches sur le lydien ne commencèrent véritablement qu'avec la publication du recueil d'E. Littmann en 1916. Avant cette date, les graffites en langue lydienne étaient trop peu nombreux (une dizaine), très fragmentaires et peu lisibles. Par contre, les inscriptions mises au jour par les équipes archéologiques américaines à Sardes étaient d'une qualité supérieure et nettement plus longues ; mais l'essentiel résidait sans nul doute dans la fameuse inscription funéraire bilingue lydo-araméenne (LW 1) : « Pierre de Rosette » des *studia Lydiaca*, elle permit aux chercheurs d'accomplir les premières avancées dans le déchiffrement de l'écriture, qui présentait, certes, de nombreux points communs avec l'écriture grecque, mais comprenait aussi des signes déconcertants pour un helléniste. L'étude de la bilingue fournit aussi les fondements de la grammaire et du lexique[8]. Il existait cependant encore des incertitudes et des points obscurs dans la version araméenne ; cette situation constituait un véritable obstacle pour une meilleure compréhension de la langue lydienne. Il fut définitivement surmonté en 1927 par la brillante édition du texte réalisée par F. Sommer (partie lydienne) et P. Kahle (version araméenne)[9]. Les philologues étaient désormais capables de comprendre dans les grandes lignes la plupart des autres inscriptions funéraires, et, dans une moindre mesure, certains textes relevant d'un autre genre (particulièrement LW 23 et 24, inscriptions longues et présentant des passages parallèles).

Le nombre croissant d'informations nouvelles sur le lydien incitait de plus en plus les chercheurs à trouver des parents à cette langue « orpheline » : comme on peut s'y attendre dans de pareils cas, des candidats aussi variés que le « chaldéen » (auj. communément appelé « urartéen ») ou l'étrusque ont été évoqués. C'est au milieu des années 30 que P. Meriggi[10] proposa la solution qui fait l'unanimité aujourd'hui : le lydien est une langue indo-européenne, plus précisément anatolienne[11].

Cette théorie ouvrait de nouvelles perspectives pour la recherche sur le lydien, mais ne fut pas immédiatement suivie des conséquences escomptées. Les recherches sur le lydien se sont quasiment interrompues pendant vingt-cinq ans, jusqu'à la reprise des fouilles archéologiques à Sardes, à l'extrême fin des années 50. Le lydien fut alors l'objet d'un vif regain d'intérêt. Des savants comme E. Vetter, O. Carruba, A. Heubeck, R. Gusmani, pour ne citer que les figures les plus marquantes, se penchèrent sur les nombreux points qui restaient en suspens dans le système d'écriture, le lexique, la morphologie verbale, nominale, etc. Les documents épigraphiques en provenance de Sardes étaient malheureusement pauvres et, surtout, aucune nouvelle bilingue ne fut mise au jour. Les inscriptions que l'on connaissait déjà à l'époque de W. H. Buckler

---

[7] Date de la découverte de LW 48 (graffite éphésien).

[8] Il existe trois autres bilingues, mais leur exiguïté, voire leur mauvais état les rendent beaucoup moins instructives : cfr *infra* § 2.1.7.

[9] KAHLE, SOMMER 1927.

[10] Cfr MERIGGI 1935 et MERIGGI 1936.

[11] Cfr *infra* § 1.3.

demeurèrent le principal matériel de travail – situation inchangée jusqu'à aujourd'hui ! Le véritable changement se faisait jour dans les techniques utilisées : la méthode combinatoire et la perspicacité étaient, certes, encore les principales armes dont se munissaient les philologues ; mais la comparaison avec les langues indo-européennes, et, surtout, anatoliennes permettait désormais d'infirmer ou de confirmer certaines hypothèses, voire d'apporter des informations nouvelles.

Des années 70 à nos jours, le recours au comparatisme n'a fait que s'accentuer, sous la houlette d'éminents chercheurs comme H. Eichner, N. Oettinger ou H. C. Melchert. Il devient de plus en plus rare que l'on aborde le lydien pour lui-même.

1.3 *Langues anatoliennes et anatolien commun*

Nous entendons par « langues anatoliennes » un groupe de langues indo-européennes attestées aux 2ème et 1er millénaires a.C.n. sur un territoire comprenant l'actuelle Turquie et le Nord de la Syrie : le hittite, le palaïte, le louvite cunéiforme[12], le louvite hiéroglyphique[12], le lycien[13], le milyen[13] et le carien en sont les témoins les plus assurés[14]. Le fait que ces derniers partagent des traits communs dans les divers domaines de la grammaire peut s'expliquer par le postulat d'une langue non attestée, l'anatolien commun, qui se serait détachée de la proto-langue indo-européenne et, après évolution, aurait donné naissance aux langues historiques. Nous ne pouvons nous appesantir sur la question fort débattue de la date relative de la séparation du rameau anatolien par rapport à celle des autres familles. Nous nous contenterons de signaler que nous épousons un point de vue fort répandu aujourd'hui, à savoir que le groupe anatolien se serait détaché du proto-indo-européen plus tôt que les autres (d'où la présence d'archaïsmes et l'absence de certains traits grammaticaux développés dans les autres langues indo-européennes), mais pas beaucoup plus tôt[15].

En ce qui concerne le regroupement des langues dans le rameau anatolien, il convient tout d'abord de mettre en exergue l'existence d'un groupe « louvique »[16], constitué (au minimum) du louvite hiéroglyphique, du louvite cunéiforme, du lycien, du

---

[12] Le louvite cunéiforme et le louvite hiéroglyphique sont deux formes dialectales d'une même langue. Il nous arrivera parfois d'utiliser le terme générique « louvite » pour les désigner.

[13] Le lycien et le milyen présentent de nombreux traits communs, mais nous n'irons pas jusqu'à nommer ces deux langues (respectivement) « lycien A » et « lycien B », comme le font certains ; nous estimons en effet qu'il convient de demeurer prudent : le milyen est encore assez mal connu et très peu attesté (deux inscriptions).

[14] On ajoute ordinairement à cette liste le sidétique et le pisidien. Ces langues sont cependant faiblement attestées et, partant, méconnues. Le sidétique (langue de Sidé, cité côtière pamphylienne) est attesté par une demi-douzaine d'inscriptions du 3e s. av. J.-C., le pisidien, par des anthroponymes figurant sur une trentaine d'inscriptions du nord de la Pisidie.

[15] Cfr par exemple OETTINGER 1986, pp. 24-25 (conclusion) ; ZEILFELDER 2001, pp. 271-274 (conclusion) ; MELCHERT 2001, p. 233 ; JASANOFF 2003, p. 20 ;...

[16] Nous utiliserons ce terme dans la présente étude, en accord avec la proposition de MELCHERT 2003b, p. 177 note 7 (« Luwic »). Nous réservons le terme « louvite » pour désigner le groupe formé par le louvite hiéroglyphique et le louvite cunéiforme.

milyen et du carien : les traits communs partagés par ces langues (ou, du moins, les quatre premières) est un fait aujourd'hui largement reconnu[17].

La place du lydien au sein des langues anatoliennes est un point qui a aussi suscité beaucoup de discussions. Il devient toutefois de plus en plus patent que ce sont les langues louviques qui présentent le plus d'affinités avec lui. Ce fait, déjà mis en lumière par N. Oettinger il y a vingt-cinq ans[18], fut dernièrement confirmé de manière convaincante par H. C. Melchert[19]. Il faut cependant souligner que les innovations communes qui permettent ce rapprochement sont en nombre restreint[20]. Le lydien semble, d'une manière générale, occuper une place isolée parmi les langues anatoliennes[21] ; l'hypothèse que cette langue se serait séparée relativement tôt a souvent été formulée[22]. Dans cette perspective, les points communs entre le lydien et les langues louviques peuvent être interprétés comme des influences exercées par ce dernier groupe[23].

Un problème épistémologique se fait jour : il n'existe aujourd'hui que très peu de faits grammaticaux suffisamment fiables que pour permettre à la méthode historico-comparative de situer la langue lydienne avec assurance. Cette limite, à n'en pas douter, contribue à accentuer l'idée d'isolement que les linguistes ont vis-à-vis du lydien[24].

1.4 *Objectifs et plan*

Une étude supplémentaire sur la place du lydien dans la genèse des langues anatoliennes nous semble un exercice périlleux et prématuré[25]. À l'heure actuelle, il nous paraît plus essentiel de faire un état des lieux des *studia Lydiaca*, de présenter ce que l'on sait, ce qui est incertain et ce que l'on ignore.

La présente étude vise à mettre en exergue les découvertes majeures ainsi que les pierres d'achoppement des théories les plus en vogue. Notre synthèse s'accompagnera d'une réflexion critique : sur certains points, nous serons même amené à proposer une interprétation originale sans toutefois prétendre à une vérité définitive.

Nous nous pencherons sur les deux domaines les plus abordés de sa grammaire : la phonétique (3ème partie) et la morphologie (4ème partie). Nous aurons au préalable fourni

---

[17] Sur les rapports entre lycien et louvite, cfr essentiellement TRITSCH 1950, LAROCHE 1957-1958, LAROCHE 1960, LAROCHE 1967. Cfr le tableau d'isoglosses dans MELCHERT 2003b, p. 269, sur la position du carien.

[18] Cfr OETTINGER 1978, p. 92.

[19] Cfr MELCHERT 2003a, pp. 266-267.

[20] Pas plus de six, chez MELCHERT 2003a, p. 269.

[21] Rappelons la position de WERNER 1967, pp. 138-139, qui considère que le (proto-)lydien formait une branche indépendante dans les langues anatoliennes.

[22] KRONASSER 1956, p. 234 ; CARRUBA 1963, p. 398 ; OETTINGER 1978, p. 92 ; MELCHERT 2003a, p. 267 ; ...

[23] Voir MELCHERT 2003a, p. 267. L'idée d'une influence culturelle (et non linguistique) exercée par les Louvites sur les Lydiens a déjà été avancée par CARRUBA 1963, pp. 403, 405-407.

[24] MELCHERT 2003a, p. 267.

[25] Le jugement qu'énonce HEUBECK 1959, p. 82, nous semble encore d'actualité !

quelques informations sur le matériel linguistique (2ème partie).

1.5 *Conventions*

1.5.1 Conventions linguistiques

<	Vient de		°	Signe permettant d'isoler une partie d'un mot
>	Devient			
*	Forme reconstruite		V́	Voyelle accentuée
**	Forme reconstruite mais incompatible avec les données du corpus		R	Sonante
			N	Nasale
			$	Limite syllabique
[ ]	Écriture phonétique		#	Limite d'un mot
/ /	Écriture phonologique		Ø	Zéro
C	Consonne		+	Signe se plaçant à la fin d'une forme reconstruite pour indiquer qu'un (ou plusieurs) élément(s) s'est (se sont) ajouté(s) ultérieurement
/	Signe introduisant le contexte d'un changement phonétique			
V	Voyelle			
_	Signe symbolisant l'emplacement d'un son spécifié dans un contexte phonétique			

1.5.2 Conventions épigraphiques

*arm[a **vir**]umque cano*	restitution d'une lacune
*Troiae qui primus <**ab**> oris*	correction
aeneadum genẹtrix	lettres endommagées mais encore discernables
quae mare na[---]erum	lacune de trois lettres
...]erras frugifer[...	lacunes non estimables
qui vos vincunt | aquam bibunt	lignes distinctes

Les références aux inscriptions lydiennes seront basées sur le *Lydisches Wörterbuch*[26] de R. Gusmani : ainsi, « LW 1 » désignera la première inscription du corpus (en l'occurrence, la fameuse bilingue lydo-araméenne[27]). Le(s) numéro(s) de la (ou des) ligne(s) seront (sera) le cas échéant mis en indice (par exemple, « LW 1$_{2-3}$ » pour « les lignes deux et trois de l'inscription 1 »).

Une seule inscription échappera à ce mode de désignation : il s'agit de Dask. 4, une inscription fragmentaire et fort courte trouvée à Daskyleion, en Bithynie[28], après la parution de l'*Ergänzungsband* du *Lydisches Wörterbuch*.

---

[26] Cfr *LW* et *LWErg.*
[27] Cfr *infra* § 2.1.7.
[28] Cfr BAKIR, GUSMANI 1993, p. 138 ; pp. 141-143.

1.5.3 Conventions bibliographiques

Les abréviations des ouvrages cités sont résolues au chapitre 6. Pour le reste, nous avons essayé de nous en tenir aux conventions d'usage : (p. = page, pp. = pages, col. = colonne(s), svv. = et suivantes, c. r. = compte rendu, *s. v.* = *sub verbo*, éd. = éditeur, fasc. = fascicule...).

1.5.4 Transcriptions phonétiques

Les transcriptions phonétiques respecteront généralement l'alphabet phonétique international. Il faut cependant signaler une exception : la notation de l'aperture sera rendue par les signes diacritiques « . » (pour les voyelles fermées) et « ‿ » (pour les voyelles ouvertes)[29].

1.5.5 Transcription des langues

En ce qui concerne le lydien, les signes alphabétiques seront transcrits selon le système présenté au chapitre 2 (§ 2.3.1.4.1).

Quant aux autres langues, nous nous efforcerons de respecter les usages, à une exception près : nous emploierons *s* pour rendre la sifflante alvéolaire des langues à écriture cunéiforme (au lieu de *š*).

Ajoutons enfin que les *n* préconsonantiques non notés en louvite hiéroglyphique seront mis entre parenthèses.

1.5.6 Abréviations

abl.	ablatif	lat.	latin
a. c.	anatolien commun	loc.	locatif
a.C.n.	*ante Christum natum*	louv.	louvite
acc.	accusatif	lyc.	lycien
adj.	adjectif	lyd.	lydien
aram.	araméen	m.	mètre
auj.	aujourd'hui	mil.	milyen
av.	avestique	nom.	nominatif
cun.	cunéiforme	p.C.n.	*post Christum natum*
dat.	datif	pal.	palaïte
dés.	désinence	pers.	personne ou personnel
etc.	*et cetera*	p.-i.-e.	proto-indo-européen
ex.	exemple	plur.	pluriel
fut.	futur	prés.	présent
gén.	génitif	pron.	pronom
gr.	grec	rac.	racine

---

[29] Ainsi, [ẹ] équivaut à [e] dans l'alphabet phonétique international, [ẹ] à [ɛ],...

hiér.	hiéroglyphique		s.	siècle
hitt.	hittite		sing.	singulier
instr.	instrumental		skt	sanskrit
ir.	iranien		v. sl.	vieux slave
l.	ligne			

2 Présentation du matériel linguistique

2.1 *Les inscriptions en langue lydienne*

2.1.1 Étendue du corpus

Le lydien est une langue à faible attestation : son corpus de 113 inscriptions[30] totalise approximativement 440 lignes d'écriture et 7860 caractères. L'ensemble des textes pourrait tenir sur dix pages A4 si l'on respecte la découpe en lignes, 2 pages et un tiers si l'on place les mots les uns derrière les autres.

L'exiguité de ce corpus est un des facteurs essentiels pour comprendre l'extrême difficulté qu'éprouvent les chercheurs dans l'étude de cette langue[31].

2.1.2 Datation des textes[32]

Dans le tableau 1, nous présentons les datations présumées de certains textes lydiens. La majorité de ces datations sont approximatives : elles sont déduites du contexte archéologique, de caractéristiques stylistiques d'œuvres représentées sur le support d'écriture, ou d'autres indices encore. Ces datations approximatives sont de deux types : les unes sont données dans une fourchette de temps, les autres sont rendues par un *terminus ad quem*. Les datations précises, quant à elles, sont fournies par le texte lydien voire araméen dans le cas de la bilingue LW 1. Nous devons insister sur le caractère provisoire de ces datations, aussi bien précises qu'approximatives : certaines ont déjà fait l'objet de modifications ou de précisions, et il ne fait aucun doute qu'il y en aura encore à l'avenir.

---

[30] Cfr Gusmani 1995, p. 9.

[31] Cfr aussi les §§ 2.1.5 sur le contenu des inscriptions et 2.1.7 sur les inscriptions bilingues.

[32] Cfr *LW,* pp. 17-19 ; *LWErg*, pp. 15-17, 121-122 ; Gusmani 1975a, pp. 271-274 ; Gusmani 1975b, pp. 51-55.

Datations	Inscriptions
Fin 8ème - début 7ème siècle a.C.n.	LW 96
Moitié 7ème siècle a.C.n. (?)	LW 67 (?)
Deuxième moitié 7ème siècle	Dask 4
Avant le dernier quart du 7ème siècle a.C.n.	LW 52, 69
Fin 7ème - début 6ème siècle a.C.n.	LW 49, 58, 63, 72, 109
1ère moitié 6ème siècle	LW 30-32, 85
6ème siècle	LW 48, 60, 87-89, 92, 99
2ème moitié 6ème siècle	LW 55, 56, 64, 97, 98, 102 (?), 104-106 (?)
Fin 6ème - début 5ème siècle a.C.n.	LW 51, 54, 57, 68, 74-78, 83, 84, 90, 94
5ème siècle - 4ème siècle a.C.n.	LW 4-7, 9-16, 18-29, 33-39, 42-47, 53, 59, 61, 70, 81
5ème siècle a.C.n.	LW 66, 91
Fin 5ème siècle a.C.n.	LW 8, 17
4ème siècle a.C.n.	LW 71, 80
4ème siècle - 3ème siècle a.C.n.	LW 82
395/394 a.C.n.	LW 1
344 a.C.n. (?)	LW 2
343 a.C.n. (?)	LW 41
330/329 a.C.n.	LW 3
323/322 a.C.n.	LW 50
Période hellénistique	LW 100
Fin 4ème - 3ème siècle	LW 108
Début 3ème siècle	LW 40
Avant 213 a.C.n.	LW 65
2ème siècle a.C.n.	LW 86
Période romaine	LW 93

Tableau 1 : datation des inscriptions

R. Gusmani classe habituellement les textes en trois périodes : « préclassique » ou « archaïque » (fin 8ème siècle a.C.n.- 6ème siècle a.C.n.), « classique » (5ème et 4ème siècles a.C.n.) et « postclassique » (3ème siècle a.C.n. et, peut-être, 2ème siècle a.C.n.). Cette tripartition est construite autour d'une période centrale (« classique ») à laquelle remonteraient les textes les plus nombreux, les plus longs et les mieux conservés. Nous pouvons nous assurer de ce fait en examinant le graphique de la figure 1 : il montre l'évolution du nombre de caractères attestés en fonction du temps ; nous pouvons clairement constater un pic s'étendant du 5ème au 4ème siècle a.C.n.

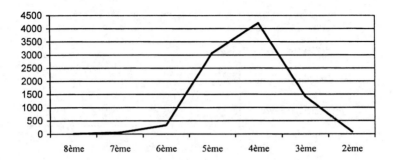

Figure 1 : nombre de caractères attestés en fonction du temps

L'évolution de l'écriture coïncide dans une certaine mesure avec cette classification, sans pour autant qu'il y ait une correspondance parfaite[33].

2.1.3 Provenance des inscriptions[34]

Provenance des inscriptions	Inscriptions
Sardes et environs	LW 1-39, 51, 54, 57-61, 63-68, 70-72, 80-94, 99-101, 103, 107-109
Haut cours de l'Hermos	LW 53
Emre (région de Maionia)	LW 42
Manisa du Sipyle et environs	LW 43, 44, 46
Vallée du Kogamos	LW 45
Moyen cours du Kaystros	LW 41, 47, 50 , 62
Bayraklı (près de Smyrne)	LW 96, 97, 98
Colophon	LW 69
Pergame	LW 40
Éphèse	LW 48, 52
Aphrodisias	LW 79
Kerč (Chersonèse taurique)	LW 73
Silsilis (Haute Égypte)	LW 49
Daskyleion (Bithynie)	Dask 4

Tableau 2 : provenance des inscriptions

---

[33] Cfr *infra* § 2.1.4.2.2.
[34] Cfr *LW*, pp. 19-20 ; *LWErg*, pp. 17-18.

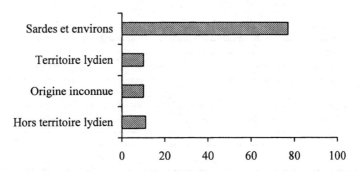

Figure 2 : répartition des inscriptions en fonction de leur provenance

Le tableau 2 présente la provenance des inscriptions par site ou région. Les données numériques sont ensuite reprises sous forme de graphique (figure 2).

Nous constatons que la majorité des inscriptions aujourd'hui connues proviennent de Sardes et de ses environs. L'utilisation de l'écriture semble donc fortement liée à la capitale lydienne. Comme nous le verrons ci-dessous[35], cette situation peut expliquer l'inexistence de variétés régionales dans l'alphabet lydien.

Ajoutons que certaines inscriptions sont d'origine inconnue : elles figurent toutes sur des sceaux (LW 55, 56, 74, 75, 76, 77, 78, 95, 102, 105, 106), à l'exception de LW 104 qui se trouve sur un encensoir.

2.1.4 L'alphabet lydien[36]

2.1.4.1 *Brève présentation du système alphabétique de la période classique*

Le système alphabétique de l'époque classique comporte 26 signes, dont quelques-uns connaissent des variantes stylistiques. Nous les avons reproduits dans le tableau ci-dessous : nous adoptons les transcriptions utilisées par R. Gusmani[37], excepté pour ꟼ que nous rendons par *w*, et non *v*, afin d'éviter toute confusion avec *v* (*nu*) pour transcrire ⅄. Nous aborderons la question des valeurs phonétiques au chapitre 3[38].

---

[35] Cfr § 2.1.4.1.
[36] Cfr *LW*, pp. 20-21 ; *LWErg*, p. 18.
[37] *LW*, p. 29.
[38] § 3.1.1.1 pour les voyelles ; § 3.3.1 pour les consonnes.

Signes et variantes	Transcriptions	Valeurs phonétiques		Signes et variantes	Transcriptions	Valeurs phonétiques
Ꜳ Ꜳ	a	[a]		ꓘ	g	[g]
ꓭ ꓛ	b	[p]		ꓤ	d	[ð] ?
ꓺ ꓺ	w	[w], [v] ?		ꓕ ꓕ	e	[eː]
I	i	[i]		Ŧ	s	[ç] ?
ꓘ ꓘ ꓘ	k	[k]		Ɨ	τ	[tç] ?
ꓩ ꓩ	l	[l]		Y	ẽ	[ẽ] ?
ꓟ	m	[m]		ᛏ	q	[kw] ? [kʷ] ?
ꓨ ꓨ	n	[n]		M	ã	[ã] ?
o	o	[ọː]		8	f	[f]
ꓥ	r	[r]		Ƴ	λ	[λ]
ꓹ ꓫ	ś	[s] ?		ᛏ	c	[dz] ? [ts] ?
T	t	[t]		ꓷ	y	[e] ? [ì] ?
Y	u	[u]		ꓹ ꓫ ꓬ	v	[^{n}] ?

Tableau 3 : les signes alphabétiques lydiens de l'époque classique, leur transcription et leur valeur phonétique

Il pourrait exister deux digrammes : *aa* et *ii*. Ces graphies rares (respectivement 32 et 2 occurrences) pourraient représenter des variantes allophoniques de [a] et de [i] (longueur ?). Nous aurons l'occasion de revenir ultérieurement[39] sur ce sujet épineux.

Nous pourrions aussi nous poser la question de l'adéquation phonologique de l'alphabet lydien. Autrement dit, est-ce qu'à un phonème correspond un signe et vice versa ? Nous devons répondre par la négative si vraiment *aa* note une variante allophonique de /a/[40], *ii* et *y*, de /i/[41], et *g*, de /k/[42]. Nous devons aussi conclure qu'il n'y a pas d'adéquation phonologique parfaite si *q* vaut [kw], autrement dit, si à un graphème correspondent deux phonèmes (/k/+/w/) : la situation serait identique, par exemple, à celle des lettres ψ [ps] = /p/ + /s/, ξ [ks] = /k/ + /s/,... de l'alphabet grec. Soulignons cependant

---

[39] Cfr *infra* §§ 3.1.1.1.5 (pour *aa*) et 3.1.1.1.6 (pour *ii*).

[40] Cfr *infra* § 3.1.1.1.5.

[41] Cfr *infra* § 3.1.1.1.6 pour *ii*, et 3.1.1.1.4 pour *y*.

[42] Nous rejetons la proposition de SCHÜRR 2000a, pp. 113-119, qui considère que ꓘ (qu'il transcrit <D>) possédait la même valeur phonétique que ꓤ. Cfr *infra* § 3.3.1.2.

que la valeur du signe q n'est pas assurée[43].

Enfin, il est intéressant de constater l'inexistence, dans l'état actuel de notre documentation, de variétés régionales de l'alphabet lydien. On a donc affaire à un alphabet « national »[44]. Cette situation peut s'expliquer par deux facteurs au moins : premièrement, la majorité des inscriptions ont été trouvées sur un territoire restreint, compris entre l'Hermos et le Kaystros ; cette situation peut constituer un facteur déterminant pour le maintien de l'unité de l'écriture. Deuxièmement, on a constaté ci-dessus que la majorité des textes proviennent de Sardes. On peut imaginer que cette ville, centre important au niveau culturel et économique de la Lydie depuis l'époque des Mermnades jusqu'à l'époque romaine, a joué un rôle normatif au niveau de l'écriture.

2.1.4.2   *L'alphabet lydien dans la diachronie*

Retracer l'histoire de l'alphabet lydien n'est pas aisé. Ceci est dû notamment à la pauvreté des témoignages de la période archaïque et, d'une manière plus générale, aux zones d'ombre que recèle la genèse des alphabets épichoriques d'Asie Mineure. Enfin, les chercheurs ne peuvent que regretter l'absence, dans le matériel aujourd'hui connu, d'un abécédaire, toujours fort enrichissant pour appréhender l'histoire d'un alphabet. Il est toutefois possible de donner un scénario consensuel, mais provisoire.

2.1.4.2.1   Les origines de l'alphabet[45]

L'alphabet lydien est généralement considéré comme le fruit d'un mariage entre plusieurs systèmes alphabétiques ; le modèle principal fut certainement fourni par un alphabet grec oriental.

2.1.4.2.1.1   *Les signes d'origine grecque orientale*

2.1.4.2.1.1.1   **Signes représentant des sons semblables ou proches du modèle grec**

Grec oriental	Lydien classique
A	A
Γ	⊐
E	↓
F	↑
I	I
K	⅄
Λ	⌐

Grec oriental	Lydien classique
Μ	Μ
Ν	Ч
O	o
P	ꟼ
ς Σ	ξ
T	T
Y	Ψ

Tableau 4 : signes d'origine grecque orientale

---

[43] Sur la possibilité que $q = [k^w]$, cfr *infra* § 3.3.1.2.

[44] Nous reprenons les termes de R. Gusmani, dans, notamment, GUSMANI 1975a, p. 269.

[45] Cfr surtout GUSMANI 1978, pp. 835-842 ; HEUBECK 1978.

Nous devons faire une remarque importante sur la représentation des occlusives : comme nous le verrons dans le chapitre suivant[46], l'opposition de voisement n'était vraisemblablement pas pertinente dans le système des occlusives lydiennes. Cette hypothèse permet d'expliquer le choix du *bêta* pour rendre l'occlusive bilabiale sourde [p]. Puisqu'un seul signe pour rendre les bilabiales était suffisant, le *pi* n'a pas été repris dans l'alphabet lydien. La même explication est valable pour les occlusives vélaires, mais avec deux différences : premièrement, c'est le signe de la sourde grecque, *kappa*, qui a été choisi en lydien pour représenter les vélaires (et non la sonore comme précédemment) ; deuxièmement, le *gamma* n'a pas été complètement supprimé dans l'alphabet lydien : il est attesté quatre fois dans le corpus et semble rendre, dans les cas les plus clairs, une variante contextuelle sonore de /k/. Enfin, l'unique occlusive dentale du lydien a été représentée par le *tau* grec. Le *delta*, quant à lui, a permis de rendre, sans doute, [ð].

2.1.4.2.1.1.2   Signes représentant des sons différents par rapport au modèle grec

La langue lydienne présentait des sons qui ne trouvaient pas leur équivalent dans le modèle alphabétique grec. Le (ou les) concepteur(s) de l'alphabet a (ont) dès lors affecté ces valeurs phonétiques à des signes grecs non utilisés. Nous avons, dans le paragraphe précédent, évoqué le cas du *delta* (ꟼ = [ð] ?). Le *zêta* (Ŧ) représente une sifflante, vraisemblablement palatale ; le *khi* (+), [kw] ou [kʷ] ; le *ksi* (Ɨ), une affriquée sourde, peut-être palatale ; le *psi* (Y), une voyelle nasale, vraisemblablement [ẽ].

L'origine du signe M, qui représenterait, selon nous, [ã], est plus discutable : le plus naturel semble de le faire venir du *san* (M ; tiré du *ṣāḍē* phénicien)[47]. Ce n'est pas l'avis de R. Gusmani[48] qui le fait dériver du *mu* (ꟽ) : de l'un à l'autre, il y aurait eu un allongement de la haste. Le linguiste italien avance les faits suivants pour justifier son hypothèse : premièrement, les alphabets grecs utilisent, pour rendre la sifflante, soit le *san*, soit le *sigma*, mais ne présentent jamais les deux en même temps. De plus, le *san* n'est pas attesté dans l'alphabet grec oriental : cela impliquerait que, s'il y a eu emprunt du *san*, il a dû s'effectuer secondairement, à un autre alphabet que le grec oriental. Ce scénario semble improbable aux yeux de R. Gusmani : pourquoi les Lydiens auraient-ils pris le *san* M à une autre source, au risque d'une confusion avec leur *mu* ꟽ ? Nous répondrons en deux points : premièrement, quelle que soit l'origine de M, le risque de confondre M et ꟽ existait de toute façon ! Deuxièmement, même si M n'existe pas dans l'alphabet grec oriental, tel qu'on peut le découvrir dans les inscriptions, il pouvait encore être présent comme « lettre morte » dans l'alphabet modèle (non attesté à ce jour) mis à la disposition des Lydiens[49] ; cette situation est comparable en tous points à celle des Étrusques : ils ont emprunté leur alphabet aux Eubéens qui notaient [s] grâce au *sigma*. Certains alphabets étrusques utilisaient cependant à la fois le *sigma*, pour noter [s], et le *san*, pour noter la sifflante forte (par exemple, au 7ème siècle a.C.n., à Marsiliana d'Albegna et Vulci). Ce fait est facilement explicable si l'on suppose que le *san* existait comme « lettre morte » dans l'alphabet modèle eubéen.

---

[46] Cfr § 3.3.1.2.

[47] Ainsi HEUBECK 1959, p. 49 ; voir encore récemment SCHÜRR 2000a, p. 112.

[48] GUSMANI 1978, pp. 838-839.

[49] Avec SCHÜRR 2000a, p. 112.

2.1.4.2.1.2 *Les signes ne provenant pas du modèle alphabétique grec*

ɑ, qui rendrait sporadiquement une variante allophonique de /i/, peut être rapproché du signe carien ϴ qui représenterait [i][50].

8 rend [f], exactement comme dans l'alphabet étrusque. Ce parallélisme est si frappant que les savants ont souvent émis l'hypothèse d'un emprunt, dans un sens ou dans l'autre[51]. De nombreux étruscologues pensent cependant aujourd'hui que 8 de l'alphabet étrusque serait tiré d'un *bêta*[52], abandonnant ainsi l'idée d'une source lydienne pour ce premier. Dans ce cas de figure, une solution possible serait d'invoquer une coïncidence : les Lydiens pourraient aussi avoir créé 8 à partir de D/B [p][53], ce qui expliquerait la ressemblance entre ces deux signes[54] ; la proximité entre les sons représentés par ces graphèmes[55] pourrait avoir dicté le choix de D/B pour la création de 8. À côté de ces scénarios contradictoires, il est permis de concevoir des solutions plus nuancées ; à ce titre, nous citerons tout d'abord celle de R. Gusmani[56], qui suppose que 8 tire effectivement son origine d'un *bêta* et que la présence de ce signe dans les alphabets étrusque et lydien est due à un contact[57] (bien qu'il demeure impossible à ce jour de se prononcer davantage sur ce dernier). En second lieu, nous ne devons en aucun cas repousser la possiblité que les signes étrusque et lydien aient été empruntés à une troisième alphabet[58].

λ pourrait, selon R. Gusmani, emprunter sa forme directement au *yôd* sémitique.

T pose de multiples problèmes : outre la question de sa prononciation exacte[59], l'alphabet auquel ce signe a été emprunté reste indéterminé : les deux principaux candidats sont le paléo-phrygien (T y représenterait peut-être un phonème affriqué selon M. Lejeune[60]) et le carien (T, transcrit *č* par J. D. Ray[61] et *c* par I.-J. Adiego[62], et rendant

---

[50] Cfr notamment ADIEGO 1998, p. 72.

[51] Dans la perspective de ce scénario, la chronologie ne permet pas de se prononcer sur le sens de l'emprunt : l'introduction de 8 (en remplacement du digramme *vh*/*hv*) dans l'alphabet étrusque daterait du deuxième quart du 6ème s. a.C.n. Or, *f* est attesté pour la première fois dans le corpus lydien durant la première moitié du 6ème s. a.C.n. (LW 30).

[52] Cfr en dernier lieu MARKEY 2001, p. 106 ; PANDOLFINI, PROSDOCIMI 1990, pp. 218-221 ;...

[53] H. C. MELCHERT (communication personnelle).

[54] Il convient ici de comparer les tracés archaïques 3 (LW 64) pour *b* et 8 (LW 30) pour *f*.

[55] Des cas d'alternance *f*/*b* surviennent même sporadiquement dans les textes : ainsi *forli-* et *fẽnsλifi-* à côté des graphies traditionnelles *borli-* et *fẽnsλibi-*.

[56] GUSMANI 1978, p. 840.

[57] GUSMANI, p. 840, souligne à ce propos que la ressemblance entre les formes archaïques de *f* en lydien (8) et en étrusque (8) ne peut être fortuite.

[58] SOMMER 1930 emprunta cette voie : la source commune aux signes lydien et étrusque serait selon lui une forme de *psi* tiré d'un alphabet de Grèce centrale. Même si nous n'adhérons pas à cette théorie dans le détail, nous pensons que l'hypothèse d'une source commune est possible et trop peu exploitée.

[59] Cfr *infra* § 3.3.1.3.

[60] LEJEUNE 1969, p. 42.

[61] RAY 1990, p. 55.

[62] ADIEGO 1992, p. 26.

une fricative ou affriquée dentale ?[63]). Comment ne pas non plus penser au syllabaire hiéroglyphique louvite où existe le fameux signe en forme de flèche qui représenterait [tsi][64] ? Aucune inscription hiéroglyphique n'est attestée pour le premier millénaire a.C.n. en Lydie, mais il n'est pas prouvé que cette écriture n'existait pas à cette époque dans cette région. De plus, il est possible que des contacts aient existé entre la Lydie et des États néo-hittites où l'on se servait abondamment de ce système d'écriture (dans le Sud-Est anatolien et le Nord de la Syrie).

L'origine du signe Υ, qui rend vraisemblablement une sorte de latérale[65], est tout aussi obscure. Certains savants[66] rappellent sa ressemblance avec lycien Υ (transcrit τ), dont la valeur phonétique n'est pas connue avec précision[67].

2.1.4.2.2 Évolution de certains signes[68]

Il faut tout d'abord noter un phénomène qui touche un grand nombre de signes : les caractères qui avaient, à période archaïque, des tracés fort anguleux vont au cours du temps devenir plus arrondis, adopter un style plus « cursif ». On peut par exemple comparer A et A, ꟼ et ꟼ, Υ et Υ, Τ et Τ, ꟼ et ꟼ, ꟼ et ꟼ, ꟼ et ꟼ, Ϟ et Ϟ.

Certains signes ne présentent plus à la période classique les formes compliquées qu'ils pouvaient revêtir à la période préclassique. C'est le cas du signe *š* qui dans les plus vieilles inscriptions peut montrer des formes à cinq (ꟼ dextroverse), six (ꟼ dextroverse) ou sept traits (ꟼ dextroverse), à côté de celle à quatre traits (Ϟ) proche du modèle grec.

C'est le cas aussi de *e* qui, à la période archaïque, pouvait présenter trois traits (Ǝ) comme, sans doute, dans le modèle grec, mais aussi quatre traits (ꟼ) à côté du signe à deux traits (Ⅎ dextroverse) qui sera la forme courante à la période classique (ꟼ ou ꟼ).

Le processus de simplification est poussé à son paroxysme dans le signe *v* ; toutes les étapes de son évolution sont attestées :
$$\lambda \rightarrow \gamma \rightarrow \gamma \rightarrow \iota \rightarrow \upsilon$$
Cette lettre permet d'illustrer un dernier processus de faible portée : la diminution de la taille. On la voit à l'œuvre dans ʽ, mais aussi dans le signe *o* : à l'époque archaïque, on ne rencontre plus que rarement les formes Ο et ο proches du modèle grec ; des *o* plus

---

[63] Ainsi, prudemment, ADIEGO 1992, p. 26.

[64] Lorsque « la flèche » est soulignée deux fois, la valeur serait [tsa], éventuellement [ts] dans certains cas en finale. Sur la détermination des valeurs phonétiques des deux signes en forme de flèche, cfr, par exemple, HAWKINS, MORPURGO DAVIES 1975, pp. 121-124 (notamment). Nous pouvons nous assurer des valeurs affriquées de ces deux signes, que l'on transcrit *zi* et *za* : par exemple, *Ti-wa-za* (le dieu Soleil ; nom. animé sing.) [*tiwats*] < **diwot-s* (cfr MELCHERT 1994a, pp. 233-324, sur les origines des affriquées en louvite).

[65] Cfr *infra* § 3.3.1.6.

[66] Ainsi, notamment, HEUBECK 1969, p. 400 ; CARRUBA 1978, p. 856 ;...

[67] Ce signe, qui n'apparaît pas en milyen, alterne avec *t* pronenant de **kʷ* devant *e* : cfr CARRUBA 1978, p. 849-851 et MELCHERT 1994a, p. 40. Il pourrait s'agir d'une affriquée palatale (H. C. MELCHERT (communication personnelle) ; PEDERSEN 1949, p. 13) ou dentale (CARRUBA 1978, p. 850 ; HAJNAL 1995, pp. 25 et 31) sourde.

[68] Cfr GUSMANI 1975a, pp. 268-271 ; GUSMANI 1975b, pp. 57-58.

petits (º) apparaissent dès cette période : ils formeront le type prédominant à l'époque classique.

Enfin, il est important de souligner le fait suivant : les caractéristiques qui ont été examinées succinctement ci-dessus ne doivent en aucun cas être considérées comme des critères infaillibles pour estimer l'âge d'une inscription : par exemple, certaines inscriptions soignées des périodes récentes (classique et postclassique) peuvent présenter des signes à formes anguleuses (c'est par exemple le cas dans LW 11, 5ème-4ème siècle a.C.n.). Autres exemples : à l'époque archaïque, on trouve déjà des variantes simplifiées (ꟼ) par rapport au modèle grec ou plus petites (º).

2.1.4.2.3   Sens de l'écriture[69]

On peut remarquer une évolution : tandis qu'à l'époque archaïque, le sens de l'écriture peut être dextroverse (une dizaine d'inscriptions), sinistroverse (la majorité d'entre elles) ou boustrophédon (un seul exemple : LW 30), à partir de l'époque classique, il est exclusivement sinistroverse.

2.1.4.3   *Séparation des mots*[70]

Il n'existe que deux exemples de *scriptio continua* (LW 49 et 99, inscriptions d'époque archaïque). Les textes présentent donc majoritairement des séparations entre les mots : il s'agit généralement d'espaces, mais l'on peut trouver à l'époque archaïque l'usage de points (un, deux, voire trois superposés ; cinq textes sont concernés) ou de traits verticaux (un seul exemple : LW 58)[71].

2.1.5   Contenu des inscriptions[72]

Le tableau 5 montre la répartition du corpus lydien selon le contenu des textes. Les informations seront ensuite récapitulées sous forme de graphique (figure 3).

---

[69] Cfr *LW*, p. 21 ; *LWErg*, p. 18.

[70] Cfr *LW*, p. 21 ; *LWErg*, pp. 18-19.

[71] À noter l'usage de deux points superposés peut-être pour marquer le début du texte en LW 74 (inscription circulaire sur sceau). En outre, il faut remarquer l'emploi en LW 10 de deux triangles qui encadrent vraisemblablement un discours direct.

[72] Cfr *LW*, p. 21 ; *LWErg*, p 19.

Contenu	Inscriptions
Épitaphes	LW 1-9, 10 (?), 12 (?), 16-18, 54 (?), 59, 70, 71, 101 et 108
Inscriptions de consécration	LW 11, 20, 40, 41 (?), 43 (?), 45 (?), 50 (?), 64, 72 et 99 (?)
Inscriptions sur sceau	LW 55, 56, 73-78, 95, 102, 105 et 106
Légendes de monnaie	LW 52 et 69
Déclarations de possession	LW 13, 22, 62 (?), 80, 104 et Dask. 4 (?)
Textes juridico-religieux	LW 23 et 24
Dédicace	LW 30
Liste de personnes	LW 25
Indéterminé	LW 14, 15, 19, 21, 26-29, 31-39, 42, 44, 46-49, 51, 53, 57, 58, 60, 61, 63, 65-68, 79, 81-94, 96-98, 100, 103, 107 et 109

Tableau 5 : contenu des inscriptions

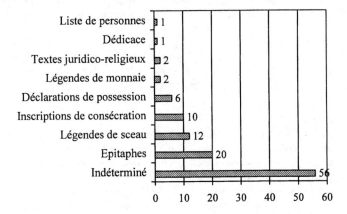

Figure 3 : répartition des inscriptions en fonction de leur contenu

Un regard sur ces données nous apprend que les trois-quarts des inscriptions peuvent être réparties en deux catégories : la première comprend celles qui sont trop lacunaires et ne permettent pas de se prononcer sur leur contenu ; elles représentent la moitié du corpus. La seconde catégorie, de moitié moins grande, est celle des épitaphes. Leur style est très formulaire : elles respectent souvent un même schéma (énumération des parties constitutives de la sépulture, mention du possesseur et formule d'imprécation envers tout déprédateur), montrent de grandes similarités au niveau de la structure des phrases et du vocabulaire.

Nous comprenons sans peine pourquoi la langue lydienne est encore largement mal connue : son corpus, assez restreint, compte une majorité de textes trop abîmés et incompréhensibles ou intelligibles mais peu originaux ; ce dernier défaut peut être mis en exergue par les inscriptions LW 23 et 24 que nous avons classées sous la rubrique « juridico-religieux » : ce sont les plus longues du corpus (respectivement 22 et 23 lignes) ; elles sont assez bien conservées ; on est capable de se prononcer sur leur contenu (elles présenteraient les dispositions d'un prêtre appelé *Mitridasta-*) ; mais de nombreux détails demeurent encore obscurs : leur vocabulaire et, dans une moindre mesure, leur grammaire s'écartent trop des schémas « classiques » des inscriptions funéraires.

2.1.6 Les inscriptions « poétiques »[73]

Il s'agit des inscriptions LW 10, 11, 12, 13, 14, 15 et 44[74] ; elles ont pour caractéristique de présenter des assonances au niveau des syllabes finales de chaque ligne : assonance en *o* en LW 11, 12, 14 et 44, en *a* en LW 13 et en *i* LW 15 (nous aborderons le cas problématique de LW 10 plus loin dans ce point).

Une deuxième caractéristique des textes « poétiques » pourrait être le nombre de syllabes par ligne. Il serait très souvent de douze, quelquefois de onze, voire moins dans des cas isolés. Mais la détermination de ce nombre ne va pas sans difficulté : faut-il attribuer une valeur syllabique à certains sons dans des groupes consonantiques donnés[75] ? Quelle valeur quantitative donner à des signes comme *aa* ? Une ou deux mores ?

Le cas de LW 10 est plus compliqué : il n'y a que des assonances sporadiques (*ã* pour l. 5-6, *ẽ* aux l. 8-9, *i* aux l. 11-12, *a* aux l. 13-14 et 16-19)[76] et, à partir de la ligne 10, ce texte ne présente plus de lignes de onze ou douze syllabes. Ainsi est-il permis de douter de la nature véritablement « poétique » de LW 10[77].

---

[73] Cfr *LW*, p. 22 ; *LWErg*, p 19.

[74] GUSMANI 1975c ajoute à cette liste LW 80 : les fins de ligne de cette inscription sont manquantes et il est donc impossible de déterminer l'existence d'un jeu d'assonances en fin de vers. Cependant, l'emploi de mots rares n'apparaissant que dans les textes « poétiques » sont, pour le savant italien, des indices en faveur de l'appartenance de LW 80 à ce groupe d'inscriptions.

[75] Par exemple, le vers *wãñtaś wicv areλ kataredkmś iskoś* en LW 11$_2$ compte 12 syllabes si *v* de *wicv* est syllabique (solution préférable vu le nombre important de vers dodécasyllabiques dans les inscriptions lydiennes) ; mais il pourrait théoriquement en avoir 11 si on considère que ce *v* appartient à la syllabe suivante.

[76] *LW*, p. 22.

[77] WEST 1972, p. 174, propose une solution intéressante : il remanie les lignes 10-19 de manière à obtenir des vers de onze ou douze syllabes. Apparaît ainsi, pour les lignes 5-19 du texte originel, une organisation en quatre stances de trois vers présentant des assonances ; ces dernières sont « régulières » pour la deuxième stance (*ẽ*) et aberrantes et inédites pour les stances 1, 3 et 4 : *ã/a*. Ces sons, certes, devaient être relativement proches (tous deux étaient des voyelles nasales : cfr *infra* § 3.1.1.1.3) mais des doutes peuvent être émis avec raison sur le bien-fondé du découpage du texte. Celui-ci présente toutefois un avantage non négligeable : il permet d'isoler au sein d'une même stance (3) la partie encadrée par des triangles et

Il reste encore beaucoup d'éléments obscurs dans ces textes « poétiques » : au premier chef, quel est le fonctionnement exact de la versification lydienne[78] ?

2.1.7 Les inscriptions bilingues[79]

Quatre bilingues sont connues : la plus importante est LW 1 en lydien et en araméen. Sa longueur (huit lignes pour chacune des deux langues) et son relativement bon état de conservation en ont vite fait un élément central pour le déchiffrement des textes lydiens. Les travaux de E. Littmann[80], de O. A Danielsson[81], ainsi que de F. Sommer et P. Kahle[82] à ce sujet constituent les premières avancées significatives dans les *studia Lydiaca*.

Il faut prendre en considération deux autres textes, beaucoup moins instructifs que le précédent en raison de leur taille : les bilingues greco-lydiennes LW 20 (trois mots pour chacune des deux langues) et LW 40 (deux mots pour le grec et cinq pour le lydien)[83].

Évoquons pour mémoire le cas de LW 41, une bilingue lydo-araméenne dont la partie araméenne est trop abîmée pour pouvoir être exploitée.

Les chercheurs disposent donc de trois bilingues exploitables : nous ne pouvons donc pas dire qu'ils sont démunis, mais cela ne représente pas grand-chose en comparaison avec d'autres langues anatoliennes comme, par exemple, le lycien (une dizaine).

2.2 *Les sources indirectes*

Pour étudier la langue lydienne, les savants disposent d'autres témoignages que les inscriptions lydiennes.

2.2.1 Gloses et noms empruntés au lydien dans la littérature grecque[84]

Les littératures grecque et, dans une moindre mesure, latine nous fournissent des gloses de termes lydiens. La majorité d'entre elles proviennent d'Hésychius (5ème siècle p.C.n.), mais on peut citer aussi Julius Pollux (2ème siècle p.C.n.), Athénée (2ème siècle

---

généralement supposée être un discours direct.

[78] Cfr *infra* § 3.2.1 pour plus de détails sur les recherches dans le domaine.

[79] Cfr *LW*, p. 22.

[80] E. LITTMANN 1916.

[81] O. A. DANIELSSON 1917.

[82] KAHLE, SOMMER 1927.

[83] La partie lydienne de cette seconde inscription est malheureusement en si mauvais état que sa lecture suscite encore de nombreux débats. Nous renvoyons pour un état de la question à SCHÜRR 1999. Signalons encore que, selon l'interprétation de ce dernier, il ne s'agit pas d'un texte bilingue à proprement parler : il s'agirait de deux inscriptions complémentaires au niveau de leur contenu (SCHÜRR 1999, pp. 165-171).

[84] Cfr *LW*, p. 27-28.

p.C.n.), Johannes Laurentius Lydus (6ème siècle p.C.n.), Photius (9ème siècle p.C.n.), Tzetzes (12ème siècle p.C.n.),…

La prudence est souvent recommandée dans l'utilisation de ces gloses : outre les aléas de la transmission manuscrite, il faut compter sur d'éventuelles déformations des mots (dues au passage d'une langue à l'autre) et sur les difficultés de rendre des sons qui n'existent pas en grec[85]. De plus, il peut arriver qu'un glossateur attribue faussement un terme à la langue lydienne[86].

Des œuvres dont les auteurs ont habité en Lydie ou à proximité (on pense particulièrement à celles d'Hipponax d'Éphèse) ou des inscriptions trouvées en territoire lydien écrites en grec contiennent de temps en temps des mots manifestement étrangers et qui pourraient être lydiens : ces termes peuvent être intéressants si on les confronte à des données provenant d'inscriptions lydiennes[87].

2.2.2 Les anthroponymes et les toponymes[88]

Les anthroponymes figurant dans des inscriptions grecques en territoire lydien et qui ne sont manifestement pas grecs doivent aussi interpeller le chercheur. Ils peuvent évidemment être lydiens, mais pas nécessairement. La Lydie était une zone d'échanges intensifs (pensons au commerce, par exemple), situation qui devait favoriser le brassage de populations. À cela il faut ajouter qu'un Lydien pouvait porter un nom d'origine étrangère pour des raisons religieuses, politiques ou autres. Il s'agit donc, dans un premier

---

[85] La glose d'Hésychius « κοαλδδειν · Λυδοὶ τὸν βασιλέα » illustre idéalement ces propos : d'un côté, il est assuré que κοα° rend [kwa] (ou [kʷa] ? Cfr infra § 3.3.1.2), séquence que les Lydiens notent qa°. D'un autre côté, il est encore difficile de se prononcer sur le terme lydien que glose Hésychius. Deux interprétations existent : d'une part, VETTER 1959, p. 36 note 17 (suivi par d'autres savants ; cfr *LW*, pp. 274-275, pour les références), a proposé de corriger les deux *delta* (ΔΔ) en un *mu* (M) ; κοαλ<μ>ειν pouvait ainsi être comparé au lydien *qaλm(λ)u-* « roi ». D'autre part, HEUBECK 1959, pp. 28-29 (suivi par PISANI 1964, p. 243), soutient qu'il faut comparer κοαλδδειν à *qλdān-* (théonyme). Ce rapprochement entre κοαλδδ° et *qλd°* pourrait convenir, mais, comme l'admet l'auteur lui-même, celui entre les finales est problématique ; nous pensons que ει (valant vraisemblablement ici [i]) ne peut pas rendre lyd. *ã*, voyelle nasale centrale ouverte (cfr *infra* § 3.1.1.1.3). Ajoutons que SCHÜRR 2000a, p. 112 note 4, rejette aussi le rapprochement en raison de la graphie ει de κοαλδδειν. Enfin, H. C. MELCHERT (communication personnelle) souligne la rareté de la séquence *λd* en lydien, ce qui l'inciterait à adopter le point de vue de A. Heubeck et, plus loin, à voir dans le théonyme lydien un emprunt à la langue carienne (cfr carien *λ* rendu en grec par λδ (en alternance avec λλ), comme dans *kiλara* = Κιλδαρα / Κιλλαρα).

[86] C'est vraisemblablement le cas pour Johannes Laurentius Lydus lorsqu'il affirme (*De mensibus*, III, 20) : « εἰσὶ δὲ οἵ φασι τῇ Λυδῶν ἀρχαίᾳ φωνῇ τὸν ἐνιαυτὸν καλεῖσθαι σάρδιν. » Ce témoignage s'appliquerait mieux à une langue iranienne : cfr, par exemple, av. *sarəd-* « année » (*LW*, p. 277).

[87] Le mot πάλμυς « roi », qui est surtout attesté chez Hipponax d'Éphèse, illustre très bien ces propos : il est, en effet, facile de le comparer au lyd. *qaλm(λ)u-* « roi » (les Grecs ont vraisemblablement emprunté ce mot lydien fort tôt, avant la transformation des labio-vélaires ; cfr *LW*, pp. 276-277 (avec références)).

[88] Cfr *LW*, p. 27. Sur l'anthroponymie lydienne plus précisément, cfr GUSMANI 1988a. En ce qui concerne l'anthroponymie et la toponymie anatoliennes, voir respectivement ZGUSTA 1964 et ZGUSTA 1984.

temps, de retrancher les noms qui peuvent être expliqués par d'autres langues[89]. Ceux qui résistent à pareille analyse doivent ensuite être confrontés aux données dont on dispose pour le lydien.

L'étude des toponymes lydiens reste un domaine où la recherche n'a encore accompli que peu de progrès.

2.3 *L'environnement linguistique du lydien*

La langue lydienne n'a pas évolué « en vase clos » : des langues étrangères, attestées dans des régions limitrophes ou en Lydie même, doivent être considérées comme autant de facteurs potentiels d'évolution dans tous les domaines du système linguistique.

Au premier rang viennent les langues indo-européennes : il y a bien sûr les langues anatoliennes, et plus particulièrement le carien. Les locuteurs de cette langue habitaient au Sud de la Lydie. Il faut souligner que leur présence à Sardes ne fait aucun doute : ils y ont laissé quelques graffites datant de 650-550 a.C.n.[90]. D'autre part, les Grecs étaient installés sur la côte égéenne, voire à l'intérieur du pays, depuis la 2ème moitié du deuxième millénaire a.C.n. La langue grecque, attestée à Sardes depuis le 6ème siècle a.C.n.[91], sera de plus en plus utilisée en Lydie à côté de la langue autochtone : après 300 a.C.n., la majorité des inscriptions seront écrites en grec, tandis que les témoignages lydiens se feront rares[92]. Il faut aussi songer aux Phrygiens qui habitaient au Nord et à l'Est et dont la culture présente quelques points communs avec celle des Lydiens[93]. Enfin, nous devrions ajouter la langue vieux-perse (à partir du 6ème siècle a.C.n.) qui, certes, n'est pas attestée comme telle en Lydie et n'y était vraisemblablement que très peu parlée (voir ci-dessous sur l'araméen) mais a laissé des traces dans l'anthroponymie[94].

La seule langue sémitique attestée sur le territoire lydien est l'araméen, langue officielle et diplomatique de l'empire perse, dont la présence n'a rien d'étonnant.

Enfin, il y a vraisemblablement des langues dont nous ignorons tout aujourd'hui, qu'elles soient anatoliennes ou non. Il suffit d'évoquer la fameuse « inscription de la synagogue » de Sardes[95], encore indéchiffrée à ce jour, pour rappeler les limites de notre connaissance dans le domaine de la géographie linguistique de l'Asie Mineure.

---

[89] C'est, par exemple, le cas de *Artabāna-*, nom d'origine iranienne (cfr *infra* note 94).

[90] Cfr GUSMANI 1975b, pp. 81-111.

[91] Cfr HANFMANN 1983, p. 89.

[92] Cfr HANFMANN 1983, p. 89.

[93] On pourrait citer le culte de Cybèle (*kuwaw-/kufaw-* en lyd., *matar kubeleja* en phrygien), l'emploi de *tumuli* funéraires, peut-être certains signes alphabétiques (cfr *supra* § 2.1.4.2.1.2 au sujet de ͳ),...

[94] Par exemple, (lyd.) *Artabāna-* (cfr *artabānalid* en LW 8₅, adjectif génitival au nom.-acc. inanimé) qui doit correspondre à ir. **r̥ta-pāna-* « qui détient la protection de la Vérité, qui a la protection grâce à la Vérité » (cfr SCHMITT 1982, p. 29) ; nous renvoyons à d'autres exemples dans GUSMANI 1988a, p. 192 et, surtout, SCHMITT 1982, pp. 29-33.

[95] Cfr GUSMANI 1975b, pp. 115-132. Notons que cette inscription, fort endommagée, utilise un alphabet qui présente des points communs intéressants avec celui du lydien.

3 Phonétique

3.1 *Vocalisme*

3.1.1 Les voyelles

L'alphabet lydien comprend, dans l'état actuel de notre documentation, dix signes vocaliques : *a, aa, ã, e, ẽ, ii, i, y, o,* et *u*[96]. Il semble cependant qu'il n'y ait que sept voyelles dans le système phonologique de la langue, à savoir *a, e, ẽ, ã, i, o* et *u; y* (et peut-être *ii*) noterait sporadiquement un allophone de *i,* et *aa,* de *a.*

3.1.1.1 *Déchiffrement des signes*

3.1.1.1.1 *a*

La détermination de la valeur phonétique de *a* ne pose pas de problème : les équations *artimu-* = Ἄρτεμις, *aλiksa/ãntru-* = Ἀλέξανδρος, etc. permettent de supposer que *a* = [a].

3.1.1.1.2 *i, u, e, o*

Les valeurs des signes *i, u, e* et *o* sont moins évidentes. Leurs formes, empruntées vraisemblablement à l'alphabet grec, nous indiquent qu'ils doivent se prononcer approximativement [i], [u], [e] et [o]. Des nuances doivent cependant être apportées : ε et o grecs correspondent souvent à *i* et *u* lydiens (cfr *artimu-* = Ἄρτεμις, *aλiksa/ãntru-* = Ἀλέξανδρος, *kulu-* = Κολόη...). Deux leçons peuvent être tirées de ces rapprochements : premièrement, les valeurs phonétiques de *i* et *u* lyd. devaient être assez proches de celles de ε et o grecs ; on pourrait poser [i̩] et [u̩] mais ce n'est pas contraignant.

Deuxièmement, ε et o grecs, soit [ẹ] et [ọ], n'équivalent pas à *e* et *o* lyd. L'on

---

[96] Tout au long de notre étude, nous n'évoquerons pas le cas de la graphie *aã* : cette séquence de lettres est un *hapax* qui apparaît dans le mot *aśaãv* dans l'inscription LW 50₆. SCHÜRR 2000a, p. 117 note 10 étudie le problème en corrigeant *aśaãv* en *aś<f>ãv* (cfr *LW, s. v. aśfã-* « fortune » *vel sim.*), ce qui, au niveau du sens, ne pose pas de difficulté. Si l'on décide de ne pas corriger le texte, on peut alors, avec MELCHERT 1994a, p. 369, considérer que la graphie *aã* indique le caractère long de la voyelle nasale accentuée.

pourrait dès lors émettre l'hypothèse que ces graphèmes notent [ẹ] et [ọ]. Ceci semble être cependant en contradiction avec les provenances des sons lydiens : le fait que *e* et *o* lyd. proviennent, notamment, de p.-i.-e. *[e:y][97] et *[ew][98] (sous l'accent) plaide en faveur de leur fermeture et de leur longueur[99], dès lors [ẹ:] et [ọ:][100]. Il faudrait donc conclure que ce qui a dicté le choix de *i* et *u* dans *artimu-, aλiksa/ãntru-*, etc., ce sont les caractères bref et fermé de ε [ẹ] et o [ọ] en grec.

3.1.1.1.3 *ã, ẽ*

Les valeurs de *ã* et de *ẽ* sont nettement plus difficiles à déterminer. On les identifie généralement à des voyelles nasales : elles apparaissent fréquemment devant une consonne nasale *m, n* ou *v*[101] et, lorsque cela n'est pas le cas, les étymologies permettent d'en restituer une[102]. Une alternance telle que *aλiksãntru-/aλiksantru-* suggère que *ã* devait noter un son proche de [a]. Il est dès lors concevable que sa valeur soit [ã]. D'un autre côté, la plupart des savants reconnaissent également en *ẽ* une voyelle nasale proche de [a], sur base de couples comme *amu*[103]/*ẽmi-*[104] ou *aλaś/aλẽv*[105]. Dans ce cas, quelle est la différence entre *ã* et *ẽ* ? Une hypothèse qui remonte à H. T. Bossert et selon laquelle il s'agirait de la longueur[106] a été reprise dernièrement par H. C. Melchert[107] ; ce chercheur pense que *ã* = [ã:] et *ẽ* = [ã]. Sa justification pour ces correspondances pourrait convenir[108], mais nous nous posons quelques questions : le savant américain pense que la

---

[97] Cfr *infra* § 3.1.1.3.2.3.

[98] Cfr *infra* § 3.1.1.3.2.4.

[99] Il faut signaler cependant que la quantité des voyelles n'est pas un trait distinctif en lydien : la longueur de *e* et *o* semble plutôt être dictée par l'accent (*idem* pour *ã* et *ẽ*) : cfr *infra* § 3.1.1.2.2.1.

[100] MELCHERT 1994a, p. 343, affirme que lyd. *e* est rendu régulièrement par un *êta* grec (valeur [ẹ:], du moins jusqu'à l'époque hellénistique !) : cette affirmation s'appuie sur un examen de la liste établie par GUSMANI 1988a, pp. 191-193, où des anthroponymes attestés dans le *corpus* lydien sont accompagnés de leur(s) transcription(s) dans les textes grecs ; citons, par ex., *Alikre-* = Αλικρης, *Kile-* = Κιλης, *Mane-* = Μάνης,... Ces correspondances ne se manifestent cependant qu'au niveau de la voyelle finale du thème et doivent, par conséquent, être considérées comme peu significatives, étant donné la productivité des types flexionnels en -ης, gén. -ου et -ης, -ους dans l'anthroponymie grecque. Les correspondances entre les finales gr. -ης et lyd. -*es* peuvent reposer sur des critères approximatifs tels que la longueur et l'antériorité des voyelles gr. η et lyd. *e*. Les équations grec-lydien portant sur les finales sont d'autant plus fragiles que [ẹ:] noté par le *êta* grec a commencé à se fermer en [ẹ:] à partir de la période hellénistique, pour finalement devenir [i] au début de l'ère chrétienne (peut-être même dès le 5ème s. av. J.-C. dans les couches populaires).

[101] Par exemple, *aλẽv, fẽncal, ẽmis, wãnaś, brwãv, kãnaλ*...

[102] Par exemple, le préverbe -*ẽt-* < **endo* « à l'intérieur ».

[103] Pronom personnel 1ère pers. du sing. au nom.-datif.

[104] Pronom possessif de la 1ère pers.

[105] *aλa-* « autre », (respectivement) au nom. animé sing. et au dat.-loc.-gén. plur.

[106] BOSSERT 1944, p. 111. Il est toutefois important de souligner que, selon celui-ci, ces signes ne représentent pas des voyelles nasales : *ã* = [ã] et *ẽ* = [ã].

[107] Cfr MELCHERT 1994a, p. 343.

[108] Le son représenté par *ẽ* est bref parce qu'il provient dans les cas les plus clairs de voyelles brèves en

longueur des voyelles n'est pas distinctive en lydien[109]. Pourquoi alors attribue-t-il le statut de phonème à /ǟ:/ et /ã/[110] ? Deuxièmement, si la différence entre ces phonèmes ne repose que sur la longueur, on devrait s'attendre à quelques flottements dans la notation (ces signes ne sont pas rares) : pourquoi (sauf erreur de notre part) cela n'arrive-t-il pas ? J. M. Kearns propose une autre solution[111] : ã = [ã:] et ẽ = [ẽ:]. Il se base sur les études de M. L. West pour déterminer la longueur de ces voyelles[112] et justifie l'équivalence ẽ = [ẽ:] par l'hésitation du lapicide de l'inscription LW 50 qui corrige ẽ de sarẽtaś (ligne 7) en e[113]. Ce dernier fait nous paraît pertinent, d'autant plus que les signes ẽ et e ne sont pas liés au point de vue formel (Ɏ ≠ ꟿ). En l'absence d'une meilleure argumentation, nous considérons donc que ã = [ã:] et ẽ = [ẽ:][114].

3.1.1.1.4   y

Le signe y, relativement rare (onze attestations), devait noter un son proche de [i], étant donné qu'il apparaît dans certains mots à la place d'un i attendu (ainsi, artymu- au lieu de artimu-, qyra- au lieu de qira-, ...) ; ce fait a été remarqué depuis longtemps[115] et est généralement accepté par les chercheurs. Aller plus loin dans la détermination de sa valeur phonétique est ardu : on a proposé une voyelle centrale, comme [ə][116] ou [ɨ][117], ou un i ouvert [ɪ][118]. R. Gusmani et H. C. Melchert ajoutent que les syllabes où y apparaît à la place de i sont vraisemblablement inaccentuées[119].

Les alternances qid/qyd/qed (nom.-acc. neutre sing. du pronom relatif[120]) sont capitales pour comprendre les valeurs de lyd. y et e. Ces formes, selon nous, ne reposent que sur un seul thème : *kʷi-. Un facteur qui permettrait d'expliquer de telles variations au sein du thème pourrait être l'accent : certaines formes seraient inaccentuées : qid et

---

syllabes fermées par une nasale, et celui représenté par ã, long parce qu'il trouve son origine dans des voyelles brèves en syllabes ouvertes ou dans des voyelles longues.

[109] MELCHERT 1994a, p. 343-344.

[110] MELCHERT 1994a, p. 342.

[111] Cfr KEARNS 1992, pp. 302-305.

[112] Il faut remarquer que J. M. Kearns ajoute dans ses garants scientifiques H. Eichner. Il nous semble cependant que celui-ci ne se prononce jamais sur la longueur de ã et ẽ mais bien sur leur caractère accentué.

[113] Cfr MEIER-BRÜGGER 1982, p. 202. Signalons que sarẽtaś est la forme originelle ; cette dernière apparaît aussi en LW 34.

[114] Contra M. L. West, il ne nous semble pas que l'opposition de longueur existait dans les voyelles lydiennes (cfr infra § 3.1.1.2.2.1). Nous renvoyons au § 3.1.1.2.2.8 pour une discussion sur les valeurs et les origines des phonèmes /ẽ/ et /ã/ en lydien.

[115] Cfr LITTMANN 1916, p. 19.

[116] LITTMANN 1916, p. 19 ; GUSMANI 1983, pp. 58-59.

[117] H. C. MELCHERT (communication personnelle).

[118] GUSMANI 1983, pp. 58-59 ; H. C. MELCHERT (communication personnelle).

[119] Cfr GUSMANI 1983, p. 59 ; MELCHERT 1994a, pp. 342-343 (raisonnement sur base des « règles d'accentuation » d'Eichner : cfr infra § 3.2.1.2).

[120] Cfr infra § 4.2.2.4.

qyd ; et d'autres, accentuées : *qid* et *qed*[121]. Or, il est envisageable que *q* ([kw] ou [k^w][122]) influence la voyelle qui le suit en la rendant plus postérieure. Si, en outre, on prend en compte que l'accent détermine la longueur de la syllabe[123], *qíd* [kwí:d]/[k^{w}í:d] accentué aurait eu tendance à devenir *qéd* [kwẹ:d]/[k^{w}ẹ:d]. Parallèlement, il faut supposer qu'en dehors de l'accent, *qid* [kwid]/[k^{w}id] a tendu vers *qyd* [qẹd]. Les autres cas d'alternances *i/y* s'expliquent par le caractère ouvrant de [r] : cfr *qira-/qyra-*[124], *sirma-/syrma-*[125] ; ou par l'influence de la prononciation grecque : *artymu-* au lieu de l'habituel *artimu-*, mais avec influence de [ẹ] (= noté ε) dans Ἄρτεμις[126].

3.1.1.1.5   *aa*

aa est un digramme assez rare (32 attestations) : on le retrouve essentiellement dans les textes « poétiques ». Il ne faudrait toutefois pas, avec Vetter[127], le considérer comme une notation d'allongement pour des raisons métriques : R. Gusmani[128] souligne avec raison que cette graphie double survient aussi dans des textes « non poétiques ».

Nous nous contenterons d'abord de ce constat : il existe des alternances comme *qira-/qiraa-* ou *wśta-/wśtaa-* ; elles semblent indiquer deux éléments : d'un côté, *aa* doit représenter un seul son, proche de [a] ; d'un autre côté, cette graphie apporte une information supplémentaire par rapport au simple *a,* mais pas déterminante pour l'intelligence de la forme dans laquelle elle apparaît.

De là, nous formulerons l'hypothèse suivante : il pourrait s'agir d'une marque de longueur, qui ne serait toutefois pas pertinente au niveau phonologique[129] ; cette dernière pourrait être conditionnée par l'accent[130].

3.1.1.1.6   *ii*

La notation *ii* est fort rare : elle n'apparaît que dans une seule forme attestée deux fois dans un même texte (*iitλ* dans LW 22$_5$ et 22$_{10}$). On ne peut donc se prononcer avec certitude sur cette notation. Il est toutefois impossible de ne pas faire le rapprochement avec *aa*. Il est donc raisonnable d'envisager, jusqu'à plus ample informé, les mêmes

---

[121] Sur la relation entre /e/ lydien et l'accent, cfr *infra* § 3.2.1.2.

[122] Cfr *infra* § 3.3.1.2.

[123] Sur la nature dynamique de l'accent lydien, cfr *infra* § 3.2.2.

[124] L'influence de *q* n'est pas à exclure, comme ce fut le cas pour le pronom relatif (cfr *supra* dans le même paragraphe).

[125] Aux cas cités pourrait s'ajouter *saryś* (LW 13$_3$) : malheureusement, ce terme est un *hapax*.

[126] Il convient aussi d'évoquer l'anthroponyme d'origine iranienne (cfr SCHMITT 1982, p. 30) *artyma-/artima-*, attesté dans les sources grecques sous la forme Ἀρτίμας (cfr XÉNOPHON, *Anabase*, VII, 8, 25) ; mais une influence de l'anthroponyme grec Ἀρτεμᾶς (anthroponyme théophore hypocoristique) ne doit pas être écartée.

[127] Cfr VETTER 1959, p. 48.

[128] *LW*, p. 22.

[129] Cfr *infra* § 3.1.1.2.2.1.

[130] Cfr WEST 1974, pp. 134-135 ; MELCHERT 1994a, pp. 343-344. Soulignons que H. Eichner suppose que *aa* n'apparaît que sous l'accent (par exemple, EICHNER 1986a, p. 8), mais ne parle pas de quantité.

hypothèses qui avaient alors été formulées : marque phonétique de longueur entraînée par l'accent ?

3.1.1.2   Constitution du système vocalique lydien

3.1.1.2.1   Du proto-indo-européen à l'anatolien commun

3.1.1.2.1.1   Les voyelles du proto-indo-européen

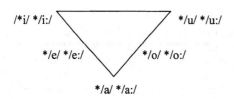

/*i/ */i:/   */u/ */u:/

*/e/ */e:/   */o/ */o:/

*/a/ */a:/

3.1.1.2.1.2   Les changements survenus

Signalons d'emblée que l'opposition de timbre entre les cinq voyelles ne semble pas avoir été affectée : nous insisterons particulièrement sur */o/ qui, bien qu'il se soit confondu avec */a/ en hittite, en palaïte et en louvite, doit être reconstruit en a. c. sur base des travaux de H. C. Melchert[131] et de J. E. Rasmussen[132]. L'opposition de longueur paraît s'être maintenue, excepté en syllabe inaccentuée où les chercheurs postulent un abrègement des longues héritées[133]. Il existe une polémique autour du sort des longues nées en a. c. de monophtongaisons de diptongues et de la chute de laryngales : subissent-elles le même sort que les longues héritées (H. Eichner[134]) ou non (H. C. Melchert[135]) ?

Nous admettons avec H. C. Melchert[136] la présence d'un nouveau phonème a. c. */æ:/, provenant de *eh₁ tautosyllabique[137]. La présence dans l'inventaire des voyelles en a. c. de */ẹ:/, résultat de la monophtongaison de */ey/[138], est cependant plus problématique[139]. C'est avec la même prudence que H. C. Melchert place à la même époque la monophtongaison */ew/ > */u:/[140], au cours de laquelle il entrevoit l'éventualité

---

[131] Cfr MELCHERT 1984, pp. 51-52 & 77 (données hittites) ; MELCHERT 1992b (données lyciennes).

[132] Cfr RASMUSSEN 1992 (données lyciennes).

[133] Cfr, par exemple, EICHNER 1986b, p. 206 note 10 ; MELCHERT 1994a, p. 76.

[134] Cfr EICHNER 1986b, p. 206 note 10 ; EICHNER 1973, p. 86 note 15 et p. 90 note 30.

[135] MELCHERT 1994a, p. 76.

[136] Cfr MELCHERT 1994a, p. 56.

[137] Voir aussi par exemple, KIMBALL 1999, pp. 122 & 146 ; HAJNAL 1995, pp. 54-55 ;...

[138] Cfr EICHNER 1973, p 76 ; MELCHERT 1994a, p. 56.

[139] MELCHERT 1994a, pp. 54-56, souligne avec raison la fragilité de cette hypothèse. I. Hajnal quant à lui la rejette, sans toutefois être catégorique : cfr HAJNAL 1995, p. 55-57.

[140] Cfr MELCHERT 1994a, p. 56.

d'un stade intermédiaire */ọ:/[141] ; mais, ne connaissant pas d'exemple prouvant une quelconque différence entre */u:/ hérité et */u:/ provenant de la monophtongaison, il conclut que les deux phonèmes se sont confondus en a. c. Si toutefois p.-i.-e. */éw/ > lyd. *o /ọ:/[142], il existerait une possibilité pour que la diphtongue soit devenue */ọ:/ en anatolien commun, voyelle qui se serait maintenue sous l'accent en lydien, mais se serait transformée en /u/ dans les autres langues anatoliennes. Nous concédons volontiers que ce scénario qui mettrait en lumière un archaïsme du lydien est pour le moins surprenant et que les exemples lyd. /o/ provenant de */éw/ ne sont pas nombreux. Il est plus vraisemblable que */ew/ se soit maintenu en a. c., soit devenu /u/ dans toutes les langues anatoliennes, sauf en lydien (/ọ:/).

3.1.1.2.1.3 *Les voyelles en anatolien commun*

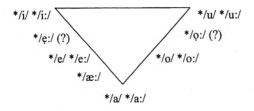

3.1.1.2.2 De l'anatolien commun au lydien

3.1.1.2.2.1 *Sort de l'opposition de quantité*

Nous ne sommes pas bien renseignés sur la survivance ou non de l'opposition de quantité au sein du système phonologique lydien : il ne semble pas exister de notation claire et régulière de la longueur dans le système d'écriture. Comme nous l'avons mentionné précédemment[143], la graphie *aa* pourrait rendre un allophone de /a/, peut-être [a:] dans certaines conditions (sous l'accent ?). Cette notation ne permet donc pas de se prononcer sur la survivance ou non de l'opposition de quantité en lydien[144]. Cette absence de renseignements valables accentue le caractère provisoire de l'hypothèse que nous allons proposer : il est possible que l'opposition de quantité n'ait pas résisté à l'arrivée d'un fort accent d'intensité ; la présence de voyelles longues pourrait être conditionnée par celle de l'accent[145]. Il n'est pas inutile de rappeler que l'opposition de quantité en syllabes

---

[141] Par souci de parallélisme avec */ey/ > */ẹ:/.

[142] Nous renvoyons au § 3.1.2.2.2.

[143] Cfr § 3.1.1.5.5.

[144] Étant donné que *ii* n'apparaît que dans une seule forme attestée deux fois dans un même texte (*iitλ* dans LW 22₅ et 22₁₀) et que cette forme n'apparaît pas ailleurs, on peut difficilement se prononcer avec certitude sur cette notation. On peut toutefois supposer que, à l'instar de *aa* vis-à-vis de *a*, *ii* marquerait un allophone de *i*.

[145] Nous rejoignons par là l'opinion de MELCHERT 1994a, pp. 343-344.

inaccentuées avait soit complètement, soit partiellement disparu en anatolien commun[146].

3.1.1.2.2.2 Sort des voyelles fermées */i/, */i:/, */u/ et */u:/

En dehors de la probable disparition de l'opposition de longueur, il semble que ces voyelles se soient bien maintenues en général (par exemple, qi- (pronom relatif) < *$k^w i$-[147], ina- « faire » < a. c. *$\bar{\imath}$-naH- < *ih_1-neh_2-[148], amu « moi, à moi » < *$em\acute{u}$[149], peut-être bu- « ou » < a. c. *$b\bar{u}$- < *$b^h uh_x$- « être »[150]).

Nous supposons toutefois qu'il y a eu une ouverture de */u/ accentué devant /r/ en /o/ : cfr $borli$- « année » en face de hitt. $purulli$- (fête du nouvel an) et, peut-être ora- « mois » en face de lyc. *ura- ($idem$)[151]. Il faut aussi tenir compte de cas sporadiques d'ouvertures de /i/ en [ẹ] (noté <y>) à proximité de /r/ (cfr $qira$-/$qyra$-, $sirma$-/$syrma$-) et de vélarisations de /i/ inaccentué en [ẹ] (cfr qid/qyd) et de /í/ accentué en [ẹ́:] (noté <e>) (cfr qid/qed) après q[152].

3.1.1.2.2.3 Sort de */o/

Il semble que la plupart des */o/ de l'anatolien commun soient devenus /a/, aussi bien accentués qu'inaccentués ($\acute{s}farwa$- « serment » $vel\ sim.$ < *$sw\acute{o}rwo$-)[153]. On pourrait dès lors se dire que le lydien, à l'instar des autres langues anatoliennes, n'a conservé aucun /o/ hérité ; ceux qu'il présenterait seraient nés secondairement. Le premier à avoir décrit la provenance de lyd. o de manière cohérente et complète est H. C. Melchert[154]. Parmi les sources possibles de o lydien, il faudrait envisager *$w\acute{a}$ (*a provenant de *o ou de *a) précédé d'une consonne tautosyllabique (-do- de fa-do- « dresser, ériger » proviendrait de *dwa- < (syncope de u) *$duwa$- « placer, mettre »[155]) et $\acute{o}$ préservé après labio-vélaire : ainsi, -kod (particule de généralisation) < (délabialisation due au o) *$k^w od$[156].

Nous pensons qu'il est possible d'envisager un scénario unique pour ces deux provenances :

1. *o accentué s'est maintenu non seulement après labio-vélaires, mais aussi

---

[146] Cfr $supra$ § 3.1.1.2.2.1.

[147] Cfr $infra$ § 3.1.1.3.2.1.

[148] Cfr $infra$ § 3.1.1.3.2.1.

[149] Cfr $infra$ § 3.1.1.3.2.2.

[150] Cfr $infra$ § 3.1.1.3.2.2.

[151] Cfr GUSMANI 1975, pp. 69-71 : $nuredi\ nuredi$ = κατ' ἑκάστην νουμηνίαν (N 320, l. 26 pour le lycien, l. 25 pour le grec), d'où $nura$- (= νουμηνία) < *$newa$-ura-. Il ne nous paraît pas obligatoire de reconstruire une proto-forme *$wara$- pour expliquer le vocalisme initial de lyd. ora- en face de lyc. ura- (aucun exemple ne semble indiquer que *#wa, sans consonne tautosyllabique précédente, donne o en lyd.). Proposition un peu différente de HAJNAL 1995, p. 132, qui ramène $nure/i$- à *$newo$-$j\breve{o}ro$- ; le second terme du composé donnerait cependant **$dVra$- en lyd. (sur le sort du yod en lydien, cfr $infra$ § 3.3.2.2.2.4).

[152] Pour plus de détails, cfr $supra$ § 3.1.1.1.4.

[153] En ce qui concerne $e\acute{s}a$- « descendance » < *$H\acute{a}nsa$- < a. c. *$H\acute{o}nso$-, cfr $infra$ § 3.1.1.2.2.8.

[154] Cfr MELCHERT 1994a, p. 368.

[155] Pour des raisons qui seront exposées plus bas dans le paragraphe (o lyd. < *$Cw\acute{o}$, et non *$Cw\acute{a}$), nous ne sommes pas totalement d'accord avec cette évolution (cfr notre proposition $infra$ § 3.1.1.3.2.4).

[156] Cfr $infra$ § 3.3.3.2.1.3.

après *w (sinon, > a).

2. */kᵂ/ et */gᵂ/ > */kw/ et */gw/[157].

3. *wó > o après consonne tautosyllabique.

C'est l'évolution *Cwá > Co proposée par H. C. Melchert qui constitue la clef de voûte du problème. Il n'existe cependant aucun exemple décisif pour la contredire ou la confirmer : la racine verbale qa(a)s- « posséder », si elle provient bien de *k̂wās-[158], indiquerait le maintien de */a/ après *Cw. Il suffit au savant américain de poser *k̂w/*kw > *k̂ᵂ avant *Cwó/á > *Co[159] pour mettre à mal notre contre-exemple. Nous devons enfin souligner que l'exemple śfarwa- « serment » vel sim. < *swórwo- ne contredit pas *Cwó > Co : il suffit de préciser, avec H. C. Melchert[160], que *sw > śf s'est produit avant cette évolution. Si aucune étymologie ne permet de trancher définitivement la question, l'unique avantage de notre solution est d'être plus économique.

C'est également à titre provisoire que nous posons le maintien de *o dans kofu- « eau » < a. c. *ĝóbu- (cfr arm. classique cov « mer », thème en -u-)[161]. Nous pensons que la vélaire k (< *ĝ / #_[162]) est devenue postérieure en raison du *o suivant (assimilation régressive) ; cette articulation a pu ensuite favoriser le maintien de *o (assimilation progressive)[163] [164].

Dans les cas que nous venons d'exposer, nous prônons donc la conservation de *o hérité. Il est possible d'expliquer d'autres occurrences de o comme nés secondairement de la monophtongaison de */éw/[165] ou de l'ouverture de */ú/ devant */r/[166].

3.1.1.2.2.4 Sort de */e/

Les développements normaux de */e/ sont /e/ quand il est accentué (par exemple, weśfa- « vivant » < a. c. *Hwéswo-[167]) et /a/ quand il ne l'est pas (par exemple, amu « moi, à moi » < *emú[168]). Soulignons le développement spécial de */e/ qui devient /i/

---

[157] Cfr infra § 3.3.1.2.

[158] Cfr GUSMANI 1976-1977.

[159] MELCHERT 1994a, pp. 359-360.

[160] Cfr MELCHERT 1994a, p. 368.

[161] Cfr POETTO 1979.

[162] Cfr infra §§ 3.3.2.2.1.1.2 et 3.3.2.2.1.2.

[163] Cette séquence d'assimilations n'est pas sans rappeler – en négatif ! – la fermeture en hittite de */ẹ:/ (<*/ey/) après vélaire : par exemple, *k̂ey- > hitt. ki- « être étendu ». Le phénomène est décrit par EICHNER 1973, p. 78 et MELCHERT 1984, pp. 102-103 : */ẹ:/ aurait palatalisé la vélaire qui, à son tour, aurait provoqué la fermeture de */ẹ:/ en /i/ (*/ẹ:/ devient normalement hitt. /e(:)/, du moins jusqu'à époque néo-hittite tardive).

[164] Mentionnons comme solution alternative l'influence de la labiale suivante dans le maintien de *o (POETTO 1979, p. 200) ou le passage de *a à o (MELCHERT 1994a, p. 346).

[165] Cfr infra § 3.1.2.2.2.

[166] Cfr supra § 3.1.1.2.2.2.

[167] Cfr la racine *h₂wes-, aussi visible dans lydien wśta- « vivant » (cfr infra § 3.3.3.2.2.1) et dans hitt. ḫwiswant- « vivant ».

[168] Cfr infra § 3.1.1.3.2.5.

après une séquence *$Cy[169] (-wãmid attesté dans fa-kat-wãmid < *wémyedi « il trouve »[170]). Les exemples sûrs que nous possédons sont valables pour */e/ inaccentué : ce phénomène se produit-il aussi sous l'accent ?

Si nous suivons H. C. Melchert[171] qui, sur une suggestion de R. Gusmani[172], tente d'illustrer ce phénomène par wiś(ś)i- « bon » (?) en le faisant remonter à *wésu-i-[173], il semble que */e/ lydien peut se fermer en /i/ après /w/ et devant une consonne dentale. Toutefois, cet exemple est le seul qui nous paraisse illustrer ce phénomène[174]. Soulignons enfin le caractère sporadique de cette fermeture de *e : cfr weśfa- « vivant » < * a. c. *Hwéswo- : H. C. Melchert rappelle avec raison que ce phénomène est aussi attesté dans d'autres langues anatoliennes (hittite, louvite et palaïte), où il est tout aussi sporadique.

3.1.1.2.2.5   Sort de */e:/

*/e:/ devient /i/ (cfr bira- « maison » (thématisé secondairement) < *pēr[175], ni- (préfixe essentiellement négatif) < *nē « ne … pas »[176], etc.).

3.1.1.2.2.6   Sort de */ẹ/

Le seul exemple valable qui puisse illustrer le sort de l'a. c. */ẹ/ < p.-i.-e. */ēy/ est kawe- « prêtre ». H. C. Melchert[177], sur base du rapprochement opéré par O. Masson[178] entre ce dernier et skt kaví, a supposé qu'à l'instar de l'avestique kauuā, il fallait reconstituer un thème à diphtongue longue : lyd. kawe- < a. c. *kowẹ́- < *kowẹ́y-. Il nous semble difficile actuellement d'expliquer le terme lydien d'une autre manière : le e final, certes, pourrait provenir de */e/ accentué[179], mais cette donnée s'accommode mal des comparaisons indo-iraniennes. D'un autre côté, nous ne pouvons exclure catégoriquement

---

[169] OETTINGER 1978, pp. 77 et MELCHERT 1994a, p. 366 posent comme condition simplement *y devant */e/. Avec MELCHERT 1992a, pp. 47-50, la présence d'une consonne tautosyllabique devant *y nous paraît nécessaire : nous ne connaissons aucun exemple certain illustrant ce phénomène dans une séquence *Vye (cfr à ce sujet infra § 3.3.2.2.2.4).

[170] Cfr infra § 3.1.1.3.2.1.

[171] MELCHERT 1994a, p. 366.

[172] GUSMANI 1961a, p. 198 note 68.

[173] Un point fait difficulté : la séquence ś(ś)i provient de *sui *[swi], alors que le développement normal de *sw est śf (cfr infra § 3.3.2.2.2.3) : pour expliquer ce fait troublant, MELCHERT 1994a, p. 371, opère la distinction entre *sw hérité (dont le traitement lydien est effectivement śf) et *sw né secondairement en pré-lydien. Cependant, nous ne rapprocherons pas wiśśi- de wiświd, analysé ordinairement comme un pronom indéfini ; cfr LW, s. v. wiświd.

[174] MELCHERT 1997, pp. 41-44, a montré que wicv n'est pas une forme verbale (cfr LW, s. v. wic- « errichten, bauen ») et que, par conséquent, les étymologies traditionnellement proposées, p.-i.-e. *wedʰ-yo- (cfr VAN BROCK 1968, p. 120 ; ARBEITMAN 1973, p. 104) ou *we-dʰeh₁- (cfr WALLACE 1982-1983, pp. 53-54, modifiant la proposition *wē-dē- de OETTINGER 1979, p. 130) doivent être rejetées.

[175] Cfr hittite pēr « maison ».

[176] Cfr infra § 3.1.1.3.2.1.

[177] Cfr MELCHERT 1994a, p. 345.

[178] MASSON 1950, p. 185.

[179] Cfr supra § 3.1.1.2.2.4.

que *kawe-* présente un cas de vélarisation (après *[w]) de *i* en *e*, comme nous l'avons proposé pour *qed*[180]. Il convient cependant de souligner que dans ce dernier cas, le phénomène se manifeste de manière sporadique (*qíd* est attesté, mais pas **kawi-* !).

3.1.1.2.2.7 Sort de */a/, */ œ:/ et /a:/

Les phonèmes */a/ et /a:/ de l'anatolien commun sont tous deux représentés en lydien par /a/ (cfr *kāna-* « femme » < *g^wónā-*[181], *taada-* « père » < **dáda-*[182]).

3.1.1.2.2.8 Sort de */e/, */a/, */o/ et */a:/ accentuées devant nasale

Comme nous l'avons mentionné plus haut[183], nous pensons que *ã* = [ã] et *ẽ* = [ẽ]. D'après H. C. Melchert, *ã* et *ẽ* semblent toutes deux provenir de */e/, */a/ et */o/, mais dans des contextes différents : *ã* serait issue (principalement[184]) de ces trois voyelles devant nasale en syllabe ouverte accentuée, tandis que *ẽ* proviendrait de celles-ci lorsqu'elles se trouvent en syllabe accentuée fermée par une nasale[185]. Ne trouvant nulle part une explication satisfaisante à cette situation, nous avons imaginé le scénario suivant : le processus de nasalisation a dû se produire après le passage de */o/ à /a/. Il se serait ensuite produit un phénomène de fermeture devant consonne nasale, ne laissant plus dans cet environnement que *[e][186] : *eśa-* « descendant » < **Hánsa-* < a. c. **Hónso-*[187] semblerait attester ce processus (dans cet exemple, la nasale devant sifflante est tombée avant la nasalisation[188]). Par la suite, nous supposons qu'il y eut un phénomène similaire à celui décrit par la « loi de Čop » pour le domaine louvite[189], mais limité aux nasales : en syllabe ouverte accentuée, le *[e] serait devenu *[a] et la nasale se serait redoublée. Les nasalisations proprement dites auraient ensuite eu lieu ; celles-ci furent accompagnées de la chute de la nasale suivante (sauf en syllabe finale) : on a donc *eN$(/#) > ẽ$(/#)* et *aN$N > ã$N*.

Certains cas de *ã* en syllabe fermée devant nasale (comme dans la désinence *-ãv* de *awλãv*, par exemple) pourraient sembler contredire ce qui vient d'être exposé ; la

---

[180] Cfr *supra* § 3.1.1.2.2.2. Sur le sort des diphtongues du proto-indo-européen au lydien, cfr *infra* § 3.1.2.2.2.

[181] Cfr *infra* § 3.1.1.3.2.5.

[182] Cfr *infra* § 3.3.3.2.1.2.

[183] Cfr § 3.1.1.1.3.

[184] Voir aussi plus bas dans ce point le sort de *a* long accentué devant nasale.

[185] Voir les illustrations aux §§ 3.1.1.3.2.6 et 3.1.1.3.2.7.

[186] Rappelons qu'en gallo-roman (de ± 500 à ± 850), avant les premières nasalisations (à partir du français archaïque : de ± 850 à ± 1100), les voyelles devant nasales ont connu une tendance à la fermeture (cfr PIERRET 1994, § 461) ; cette tendance fermante qu'ont les consonnes nasales est explicable en termes de phonétique articulatoire : cfr STRAKA 1955, pp. 249-250, où l'on pourra aussi trouver des exemples de ce phénomène dans d'autres langues.

[187] Cfr *infra* § 3.1.1.3.2.3.

[188] Cfr *infra* § 3.3.2.2.2.1.

[189] Cfr ČOP 1970 : à a. c. */é$C_1/, où C_1 est une sonante, une occlusive sonore ou /s/, répond louvite /aC_1$C_1/ (par exemple, **pérem* « devant » > louv. **parran* ; comparez avec hittite *pēran*).

solution qu'envisage H. C. Melchert, à savoir que ces *ā* proviendraient de */a:/[190] nous convient (dés. *-āv* pourrait représenter un ancien gén. plur. des thème « féminin » en *-ā-*[191]). Il faut donc imaginer que */a:/ n'aurait pas été affecté par le phénomène de fermeture cité *supra.*

3.1.1.3   *Conclusion : les voyelles lydiennes et leurs provenances*[192]

3.1.1.3.1   Les voyelles lydiennes

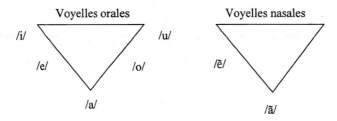

3.1.1.3.2   Provenances des voyelles lydiennes

3.1.1.3.2.1   */i/*[193]

        < */i/ : *qi-* (pronom relatif) < *$k^w i$-* (cfr hittite, louvite et palaïte *kwi-*, lycien *ti-*...)[194].

        < */i:/ : *i(-na)-* « faire » < a. c. *$\bar{\imath}(-naH)$-* < *$ih_1(-neh_2)$-* (cfr hitt. *iya-* (même sens), louv. *ā-/ āya-* (même sens),...).

        < */e:/ : préfixe *ni-* (préfixe négatif) < *$n\bar{e}$* (cfr louv. *nis* (négation prohibitive) et lyc. *ni* (*idem*) ; comparer aussi lyd. *nid* « ne ... pas » < *$n\bar{e}$-d* et pal. *nid* (même sens)).

        < */e/ / *Cy*[195] : *-wãmid* dans (*fa-kat*)-*wãmid* « être favorable, concéder », *vel sim.* < *-wémyedi* (cfr hitt. *wem(i)ya-* « trouver, rencontrer »)[196].

3.1.1.3.2.2   */u/*

        < */u/ : *amu* « moi, à moi » < *emú* (cfr lyc. *ẽ/a/emu* (idem), louv. hiér. *amu*

---

[190] MELCHERT 1994a, p. 369. Nous ne tenons pas compte de son hypothèse selon laquelle *ā* pourrait aussi venir de /o:/ (le savant ne fournit qu'un seul exemple).

[191] Cfr *infra* § 4.1.2.9.

[192] Les étymologies qui sont exposées dans ce paragraphe sont majoritairement tirées de MELCHERT 1994a, pp. 342-349 ; sauf en cas de désaccord de notre part, nous y renvoyons pour d'autres illustrations et pour les références aux sources qu'il cite.

[193] Il est possible que */e/ > /i/ / *w_ (cfr MELCHERT 1994a, p. 344) ; nous renvoyons au § 3.1.1.2.2.4 pour plus de détails.

[194] Cfr *infra* § 4.2.2.4.

[195] Au sujet de ce conditionnement, cfr *supra* note 169.

[196] Cfr *infra* § 4.3.2.2.

(*idem*),…)[197].

< */u:/ : *bu(-k)* « ou » < a. c. **bū-* < **b^huh_x-* « être »[198] (cfr peut-être louv. cun. *puwa* « autrefois »[199]).

3.1.1.3.2.3 /e/

< */e/ (accentué et ne précédant pas une nasale) : *es-* (démonstratif) < **es-i-* où **es* est le nom. animé sing. du thème pronominal **e/o-*[200].

< */ẹ:/ : *kawe-* « prêtre » < **kowẹ́-* (cfr skt *kaví* « sage, poète inspiré », av. *kauuā* « roi, prince ; classe de prêtre »,…).

< */a/ < */o/ (accentué) / *_ns : *eśa-* « descendance » < **Hánsa-* < **Hónso-* (cfr hitt. *ḫāssa-* (*idem*)).

< */i/ (accentué) / *q_* (sporadiquement) : *qed* (à côté de *qid*[201] ; pron. rel. nom.-acc. inanimé sing.) < **k^wid* (cfr hitt. *kwid*, louv. cun. *kwi*, lyc. *ti*,…).

3.1.1.3.2.4 /o/[202]

< */o/ (accentué) / *k^w_* : *kot* « comme, parce que » < **k^wóto* (cfr hitt. *kwatta* « où » ; cfr aussi l'expression *kwatta sēr* « c'est pourquoi »).

< */o/ (accentué) / *Cw_*[203] : *-do-* dans *fa-do-* « dresser, ériger » < **dwó-* < (syncope de *u*) **duwó-* « placer, mettre » (même racine que louvite hiér. *tuwa-* « placer, mettre », louv. cun. *duwa-* (*idem*) et lyc. *tuwe-* (*idem*)).

< */ew/ (accentué)[204] (?) : *ow-* « proclamer » < p.-i.-e. **h_1ewg^{wh}-* (cfr grec εὔχομαι « prier ; désirer... », av. *aog-* « dire, parler »...).

< */u/ (accentué) / *_r : *borli-* « année » < **púruli-* (cfr hitt. *purulli-* (fête du nouvel an)).

3.1.1.3.2.5 /a/

< */a/ : *aara-* « cour, propriété » < **arH+-* (thématisation secondaire ?[205]) (cfr hitt. et louv. hiér. *arḫa-* « frontière, région »).

< */a:/ : *kãna-* < **kóna-* < **k^wóna-* < **g^wonā-* (cfr louv. cun. *wāna-* (*idem*), grec γυνή (*idem*),…).

---

[197] Cfr *infra* § 4.2.2.1.1.1.

[198] Cfr « soit … soit » en français.

[199] Cfr IVANOV 2001, pp. 138-140.

[200] *Contra* MELCHERT 1994a, p. 367, nous ne croyons pas utile d'envisager un phénomène de type « Umlaut » (**esi-* < **asi-* < **osi-* : cfr hitt. *asi* (démonstratif indéclinable) < **osi*) ; comme l'admet le savant, l'étymologie de ce mot peut tout aussi bien s'accommoder d'un */e/ (accentué) originel. Pour plus de détails sur *es-*, cfr *infra* § 4.2.2.3.2.

[201] Et *qyd*, lorsqu'inaccentué ; cfr *supra* §§ 3.1.1.1.4 et 3.1.1.2.2.2.

[202] Le « labial umlaut » (pré-lydien **a > o* à proximité d'une labiale) de MELCHERT 1992a, p. 48 note 28, complétant une proposition d'EICHNER 1986a, p. 21, ne nous satisfait pas.

[203] Cfr *supra* § 3.1.1.2.2.3 sur notre désaccord avec H. C. Melchert.

[204] Cfr *infra* § 3.1.2.2.

[205] Cfr RIEKEN 1999, pp. 68-69.

< */o/ : *aλa-* « autre » < **alyo-* (cfr grec ἄλλος (*idem*), lat. *alius,* (*idem*))[206].

< */e/ : *amu* « moi, à moi » < **emú* (cfr lyc. *ẽ/a/emu* (*idem*), louv. hiér. *amu* (*idem*),…).

< */æ:/ : *ta(a)c-* « offrande » *vel sim.* < **dǽdi* < *déh₁-ti* < **dʰéh₁-ti* (nom d'action en **ti* de **dʰéh₁-* « placer » ; cfr lyc. *tadi* « il place », hitt. *tezzi* « il dit »).

3.1.1.3.2.6 /ẽ/

< */e/ (accentué) / _N$(/#) : *ẽt-* (préverbe) « à l'intérieur » < **éndo* (cfr hitt. *anda* (*idem*), louv. cun. *ānda* (*idem*), louv. hiér. *a(n)ta* (*idem*),…).

< */o/ (accentué) / _N$(/#) : certaines dés. de l'acc. animé sing. *-ẽv* (par exemple, *tawśẽv* de *tawśa-* « puissant ») < a. c. **-ón* < ** p.-i.-e. *óm*[207].

< */a/ (accentué) / _N$(/#) : *ẽna-* « mère » < **anna-* (cfr hitt. *anna-* (*idem*), louv. cun. *ānna/i-* (*idem*), lyc. *ẽne/i-* (*idem*),…).

3.1.1.3.2.7 /ã/

< */e/ (accentué) / _$NV : *-wãmid* dans (*fa-kat*)-*wãmid* « être favorable, concéder », *vel sim.* < **-wémyedi* (cfr hitt. *wem(i)ya-* « trouver, rencontrer »).

< */o/ (accentué) / _$NV : *kãna-* < **kóna-* < **kwóna-* < **gʷonā-* (cfr louv. cun. *wāna-* (*idem*), grec γυνή (*idem*),…).

< */a:/ (accentué) / _N# : certaines dés. du dat.-loc.-gén. plur. *-ãv* < a. c. **-ān* < **-ā-om,* à l'origine gén. pluriel des thèmes en *-ā-*[208].

3.1.2 Les diphtongues

3.1.2.1 *Présence de diphtongues en lydien ?*

De nombreux chercheurs pensent que *w* lydien note en fait une fricative[209]. Rien ne semble imposer cette valeur phonétique : jusqu'à preuve du contraire, nous posons *w* = [w]. De là, il est permis de se demander si les séquences tautosyllabiques *aw, ow* et *ew* rencontrées dans les textes notent des diphtongues. Nous estimons qu'il serait dangereux de répondre par l'affirmative dans tous les cas[210]. Toutefois, certains indices suggèrent que de telles graphies doivent parfois avoir cette fonction : ainsi, *tawśa-* « grand, puissant » (< a. c. **te/owHsó-* ?[211]), qui doit être rapproché des gloses d'Hésychius[212]

---

[206] Cfr *infra* § 4.2.2.5.3.

[207] Cfr *infra* § 4.1.1.1.2.

[208] Cfr *infra* § 4.1.2.9.

[209] Cfr *infra* § 3.3.1.5.

[210] En effet, les cas de syncopes ne sont pas rares en lydien et certaines graphies nous incitent à penser que la voyelle disparue avait quelquefois laissé place à une voyelle non notée, dont la valeur pouvait être [ə] ou un son proche : des formes telles que *dctdid* ou *kśbλtaλkś* sembleraient *a priori* imprononçables sans l'intervention de ce type de voyelle. Si nous appliquons cette hypothèse à la problématique des diphtongues en lydien, comment pouvons-nous être sûrs que *owv* « j'ai proclamé » *vel sim.*, qui provient probablement de a. c. **ewgʷ-on* (racine p.-i.-e. *h₁ewgʷʰ-*), ne se prononce pas [owəⁿ] ?

[211] Cfr *infra* § 3.1.2.2.2.

« ταύς · μέγας, πολύς » et « ταύσας · μελύνας, πλεονάσας », permettrait d'établir l'équation lydien *aw* tautosyllabique = grec αυ = [aw]. D'un autre côté, *lewś* (nom de divinité) a, selon toute vraisemblance, été emprunté à une forme grecque dialectale Δεύς ; lydien *ew* tautosyllabique équivaudrait donc au grec ευ = [ew]. Nous poserons donc comme hypothèse de travail (et cela, jusqu'à preuve du contraire) que les graphies *aw*, *ow* et *ew* tautosyllabiques peuvent représenter des diphtongues.

3.1.2.2 Sort des diphtongues du proto-indo-européen au lydien

3.1.2.2.1 Les diphtongues du proto-indo-européen

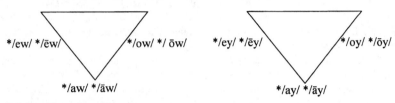

3.1.2.2.2 Les changements survenus

Certains savants reconnaissent actuellement que */oy/, */ay/, */aw/ et */ow/ se sont maintenues en a. c.[213] Par ailleurs, il est généralement accepté que */ey/ est devenu */ẹ:/ en a. c.[214] H. C. Melchert ajoute aussi p.-i.-e. */ew/ > a. c. */u:/[215], mais admet lui-même que les bases sur lesquelles ce postulat repose sont fragiles (*idem* pour p.-i.-e. */ey/ > a. c. */ẹ:/)[216]. Le sort des diphtongues longues en anatolien commun est des plus compliqués à déterminer en raison du manque de données les concernant : H. C. Melchert[217], pour ne citer que lui, semble opter pour le maintien de */a:w/, */a:y/, */o:w/ et */o:y/, et les monophtongaisons de */e:y/ > */ẹ:/ et de */e:w/ > */u:/.

Les linguistes disposent de très peu d'étymologies probantes pour étudier l'évolution des diphtongues de l'a. c. au lydien : si lydien *kawe-* « prêtre » < a. c. *kowĕ́*[218], avec a. c. *ĕ́* < */e:y/, nous possédons très peu d'éléments fiables sur */ey/[219], */oy/, */o:y/, */ay/, */a:y/. Tout récemment, H. C. Melchert a formulé l'hypothèse que les diphtongues en *Vy* seraient devenues *Vd*[220]. Il avance deux exemples : le premier est *qed,* forme qui alterne synchroniquement avec le pron. rel. nom.-acc. neutre sing. *qid* (< *k^wid*), mais qui,

---

[212] L'auteur n'en précise malheureusement pas l'origine.

[213] Cfr KIMBALL 1994, suivi par MELCHERT 1994a, pp. 148-149.

[214] Cfr MELCHERT 1994a, p. 76 ; EICHNER 1973, p. 76 ; OETTINGER 1978, p. 82.

[215] Cfr MELCHERT 1994a, p. 76.

[216] Son argumentation repose essentiellement sur la présomption que les laryngales *h_1* et *h_3* ont disparu en a. c. ; pour plus de détails, cfr MELCHERT 1994a, pp. 54 et 56.

[217] Cfr MELCHERT 1994a, p. 149-150.

[218] Cfr MELCHERT 1994a, p. 370 et *supra* § 3.1.1.3.2.3.

[219] Nous doutons du bien-fondé de l'unique exemple *qe-* « qui, quel » < a. c. *k^wĕ́*, avec *ĕ́* provenant de p.-i.-e. */ey/, que donne MELCHERT 1994a, p. 345 : cfr *infra* § 4.2.2.4.

[220] MELCHERT (à paraître), point 1. Sur le sort du *yod* en lydien, cfr *infra* § 3.3.2.2.2.4.

selon lui, pourrait refléter un plus ancien collectif en -*i* « hystérodynamique »[221] *$k^{w}\acute{e}y$. Si *kawe-* « prêtre » tire son origine de « l'hystérodynamique » *$kow\acute{e}y$, il faut supposer pour le nominatif sing. *kaweś* < *$kawed+s$, hypothèse qui nous semble peu convaincante. Le second exemple que l'auteur aborde est *sadmẽ-*[222] (+ *kaττadmẽ-*) : ce nom verbal (suffixe *-men*) serait construit sur un radical *soy-, degré *o* de *si- que l'on rencontre dans *kaττi-*[223] < *kat-si- et *fa-si-* (sens obscur). Cette deuxième hypothèse nous paraît aussi fragile : le sort *oy > *ad* surprend ; on s'attendrait à une monophtongaison, comme c'est le cas pour la particule *-ś* < *$-sV$ < *$-soy$[224].

L'exemple *ow-* « proclamer », s'il remonte bien à p.-i.-e. *$h_{1}\acute{e}wg^{wh}$-[225], montrerait que p.-i.-e. */éw/ > lyd. */o/. C'est aussi dans cette direction qu'irait lyd. -*no-/-vo-* (suffixe verbal)[226] < p.-i.-e. *-néu-*[227]. Ajoutons que H. C. Melchert pose *tawśa-* « grand, puissant » < *$te/ow(H)s\acute{o}$- (cfr skt *tavīti* « être fort, puissant », vieux perse *tauman-* « puissant, fort »,…). Aucune information fiable ne nous renseigne sur le sort de a. c. */o:w/, */e:w/, */aw/, */a:w/.

Notons encore que certaines diphtongues lydiennes sont secondaires : ainsi, *aw* dans *sawtaar-* « gardien » *vel sim.* < a. c. *$^{\circ}eg^{w}$- (racine p.-i.-e. *sek^{w}-)[228]. Est aussi concerné le thème verbal *ow-* « proclamer » que nous venons d'évoquer. Enfin, les seules attestations de *ew* sont dues à un emprunt : *lewś* (nom de divinité) vraisemblablement tiré d'une forme grecque dialectale Δεύς[229].

3.1.3   Phénomènes phonétiques particuliers

3.1.3.1   *Disparitions de voyelles*

Les phénomènes qui vont être décrits ci-dessous sont, à n'en pas douter, conditionnés par l'accent, qui devait posséder une forte composante dynamique[230].

---

[221] Cfr OETTINGER 1995a et *infra* § 3.3.3.2.1.3.

[222] Nous préférons lui attribuer le sens de « inscription », ou, peut-être mieux, de « σῆμα » (BARNETT 1969, p. 22, suivi par *LWErg*, p. 87, HEUBECK 1983, pp. 65-66,…). La proposition « injunction, instruction » de H. C. Melchert (MELCHERT (à paraître), point 1) ne tient pas compte du fait que *sadmẽ-* désigne un sceau en LW 74 (*eś sadmẽś : mitratalis* « ce *s.* [est celui] de Mitrata- »).

[223] H. C. Melchert (MELCHERT (à paraître), point 1) propose « ordonner ». Provisoirement, nous préférons le sens de « interdire (?) » qui s'accommode mieux, selon nous, avec *aλidad* « changement (?) » (cfr *aλa-* « autre »), son complément direct à deux reprises (LW 22₃ et 22₅) (cfr *LW, s. v. kaττi-*).

[224] MELCHERT 1991, p. 142.

[225] Cfr *supra* § 3.1.1.3.2.4.

[226] Cfr *infra* § 4.3.2.4.3.

[227] À la lumière de ces deux derniers exemples, fournis par H. C. Melchert lui-même (par exemple, MELCHERT 1994a, p. 370), il semble que l'on puisse apporter quelques nuances dans les réflexions de ce dernier sur le sort de */ew/ p.-i.-e. en a. c. (cfr *supra* § 3.1.1.2.1.2).

[228] Cfr *infra* § 3.3.3.2.2.1.

[229] Cfr *supra* § 3.1.2.1.

[230] Cfr *infra* § 3.2.2.

3.1.3.1.1 Syncopes

3.1.3.1.1.1 *Les « règles » de H. C. Melchert*

Les cas de syncope sont nombreux et il est difficile de voir dans quelle(s) condition(s) exactes (en dehors de l'absence de l'accent !) ceux-ci ont eu lieu. H. C. Melchert[231] a tenté d'y mettre un peu d'ordre ; voici les « règles » qu'il formule :

1) les voyelles inaccentuées en syllabe finale sont syncopées (par exemple, *int* « il fait » < **inat*, *inl* « il a fait » < *inal*[232], *-wv* (dés. 1ère pers. plur. prét. ou prés.-fut.) < **-wen(i)*[233], *esv* (démonstratif à l'acc. animé sing.) < **esiv*[234],…) ;

2) sont aussi syncopées les voyelles inaccentuées post-toniques en syllabe ouverte (par exemple, *armτa-* « de Arma » < **ármaτa-*, *wãnτa-* < **wãnaτa-* « (quelque chose) qui appartient à la chambre funéraire »[235],…) ;

3) dans les mots de trois syllabes ou plus, les séquences pré-toniques de structure *RV* sont réduites à *R* (ainsi, *caqrla-* « sacré (?) » < **caqralá*[236]*-*, *srmli-* « du temple » < **sirmalí-*[237],…)[238].

3.1.3.1.1.2 *Questions de chronologie relative entre 1) et 2)*

Il nous semble judicieux d'évoquer les rapports qui existent entre ces « règles » : il faut constater avec H. C. Melchert[239] que la « règle » 1) s'applique souvent dans des paroxytons, là où ne peut intervenir la « règle » 2). D'un autre côté, les proparoxytons *fadofidv, qistoridv, cēnsidv, ẽtamv,…* voient l'application de 1), mais pas de 2), raison pour laquelle H. C. Melchert pense que la première « règle » a dû se produire avant la deuxième (les conditions ne devaient plus être réunies pour celle-ci). Nous concluons que 2) ne s'applique que si 1) n'est pas intervenue. Ce raisonnement aboutit donc à la question suivante : quelles sont vraiment les conditions d'application de 1) ? Les syncopes décrites

---

[231] Cfr MELCHERT 1994a, pp. 373-376.

[232] Pour les deux dernières formes verbales, cfr *infra* § 4.3.2.4.2.

[233] Cfr *infra* § 4.3.1.3.1.

[234] Cfr *infra* § 4.2.2.3.1.

[235] Pour plus de détails sur le suffixe *-τa-*, cfr *infra* § 4.1.2.4.

[236] *LW*, p. 90 et MELCHERT 1994a, p. 376, supposent que ce mot est un dérivé (en *-la-*) de *cēqra-* « saint, sacré (?) ».

[237] Pour plus de détails sur le suffixe *-li-*, cfr *infra* § 4.1.2.1.

[238] L'énonciation de ces règles nous incite à formuler deux remarques épistémologiques : premièrement, il faut connaître la place de l'accent. H. Eichner a, certes, proposé des principes pour déterminer sa place (cfr *infra* § 3.2.1.2) , mais il faut rappeler que ces derniers ne font pas l'unanimité. Deuxièmement, il faut connaître les formes pré-syncopales ; il est possible de connaître celles-ci par l'étymologie (par exemple, *armτa-* est un dérivé adjectival (suffixe *-τa-*) de Arma, nom d'une divinité bien connue dans le monde anatolien) et/ou par la méthode combinatoire (par exemple, on peut imaginer que **caqrla-*, dont l'étymologie est problématique, provient de **caqrala-* grâce à la forme sûrement apparentée *cēqra-*). Mais ces moyens ne sont pas toujours applicables : ainsi, la forme *ksbλtaλ* a sûrement subi des syncopes mais n'offre, pour le moment, aucune prise au linguiste qui tenterait d'en trouver la forme pré-syncopale.

[239] Cfr MELCHERT 1994a, p. 375.

dans ces règles seraient-elles sporadiques[240] ?

3.1.3.1.1.3   *Limites des « règles » de H. C. Melchert*

3.1.3.1.1.3.1   Limites de la « règle » 1)

Le corpus lydien offre de nombreux contre-exemples à la règle 1) (voir les paroxytons *śfẽndav, taadaś, wãnaś, warbtokid, fakorfid, ãnad, aλtokad,...*). Le savant américain tente d'expliquer ces « irrégularités » de deux manières[241] : premièrement, il se pourrait que certaines finales n'aient pas connu de syncope afin d'éviter un groupe consonantique difficile à prononcer ; ce serait le cas des séquences inaccentuées -*Cid* (*warbtokid, fakorfid,...*) et -*Cad* (*ãnad, aλtokad,...*) qui se seraient maintenues pour prévenir la formation d'un groupe -*Cd*. Deuxièmement, il y aurait peut-être eu des conservations de voyelles dues à l'analogie : par exemple, les finales nominales inaccentuées -*aś* (*wãnaś*), -*aλ* (*wãnaλ*), et -*av* (*wãnav*) pourraient avoir été conservées par analogie aux formes oxytones (par exemple, *aλáś, aλáλ, aλẽv,...*).

Ces explications ne nous satisfont pas totalement : les propos de H. C. Melchert nous laissent penser que, hormis les cas de rétention de voyelle que nous venons de citer, les syncopes se seraient produites de manière « parfaite » ; comment doit-on dès lors interpréter des alternances comme *inal/inl* ou *alarmś/alarmaś* ? Les *a* dans ces formes ont été considérés comme des voyelles d'épenthèse, mais cette solution ne nous convainc pas[242]. Comment expliquer cette fluctuation dans la notation de la voyelle en syllabe finale ? Nous ne pouvons apporter de réponse sûre[243].

3.1.3.1.1.3.2   Limites de la « règle » 2)

H. C. Melchert[244] cite deux contre-exemples dont l'étymologie pose des difficultés : il s'agit, d'une part, de *afari-* (« descendant » < **ópero/i-* (« *i*-Mutation »[245]) chez H. C. Melchert ; « acte de donation » *vel sim.* chez O. Carruba[246], lié au hitt. *ḫappirai-/ḫappiriya-* « se défaire de, vendre ») et, d'autre part, de *ẽmina-* (thème « allongé » de *ẽmi-* « mon »[247]).

3.1.3.1.2   Apocopes

Nous possédons de nombreux exemples indiquant que les voyelles finales inaccentuées de l'anatolien commun sont tombées. On peut le voir dans les désinences verbales : -*w*/-*u* (présent 1ère pers. sing.) < *-*wi* (cfr louvite -*wi*)[248], -*t*/-*d* (présent 3ème pers.

---

[240] Cfr *infra* § 3.1.3.1.1.3.1.

[241] Cfr MELCHERT 1994a, p. 374.

[242] Pour plus de détails sur les voyelles épenthétiques en lydien, voir *infra* § 3.1.3.2.

[243] Nous avons toutefois essayé d'expliquer *inal/inl* en termes d'analogie : *infra* § 4.3.2.4.2.

[244] Cfr MELCHERT 1994a, pp. 375-376.

[245] Cfr *infra* § 4.1.2.5.

[246] Cfr CARRUBA 1959, p. 35.

[247] Cfr *infra* § 4.2.2.2.2.

[248] Cfr *infra* § 4.3.1.3.1.

sing.) < *-ti[249], etc. C'est ce que montrent aussi les particules enclitiques -in < *-nu[250], -(u)m(-) < *-mo(-)[251]..., la conjonction coordinatrice enclitique -k < *-k^{w}e[252], etc. Soulignons que le u final de amú « moi, à moi »[253] est resté parce qu'il était accentué (si la forme était un paroxyton, la voyelle de la première syllabe aurait été nasalisée !). Le sort des diphtongues et des longues inaccentuées en fin de mot est plus délicat : si, avec H. C. Melchert, on considère que la particule emphatique et réflexive -ś vient de *-soy[254], on doit alors admettre que la diphtongue */oy/, après une éventuelle monophtongaison[255], aurait disparu. Il semble au contraire que a. c. */a:/ se soit maintenu en finale inaccentuée : c'est ce que tendraient à montrer les nom.-acc. inanimés plur. mλola, antola/anlola... Compte tenu du peu de données dont nous disposons sur le sort des diphtongues et des voyelles longues inaccentuées en position finale, il serait hasardeux de se lancer dans une interprétation de ces faits.

3.1.3.1.3 Aphérèses

Le cas le plus vraisemblable d'aphérèse en lydien semble être bi- « il, elle » < *obi-[256]. Il convient peut-être d'ajouter le verbe rawa-[257], dont, malheureusement, le sens et l'étymologie sont peu assurés[258] ; cependant, le caractère unique de #r- en lydien et, d'une manière plus générale, la rareté de cette initiale dans les langues anatoliennes[259], invitent à citer rawa- parmi les exemples d'aphérèses.

3.1.3.2 *Épenthèses*

Des voyelles d'appui apparaissent dans certaines formes afin de faciliter la prononciation : il s'agit la plupart du temps de i et u. Les cas les plus assurés concernent les particules : la particule -m(-) peut apparaître sous la forme -um (par exemple, fak-um, ak-um,...), voire -im (dans il-im), -t(-), sous la forme -it(-)[260] (par exemple, fak-it, fak-m-it,...), -ś-, sous la forme -is/-iś[261]. C'est aussi une voyelle épenthétique qui s'insère dans aśturko- (substantif de sens obscur) à côté de aśtrko-, ou bien encore dans buλ « à lui, en lui », à côté de l'ordinaire bλ[262]. Le timbre de la voyelle épenthétique (soit i, soit u)

---

[249] Cfr *infra* § 4.3.1.1.3.

[250] Cfr hittite nu- (?).

[251] Cfr hittite -ma(-) (?).

[252] Cfr *infra* § 3.3.3.2.1.3.

[253] Cfr *supra* § 3.1.1.3.2.2 et *infra* § 4.2.2.1.1.1.

[254] Cfr MELCHERT 1991, p. 142.

[255] Peut-être */e/ selon MELCHERT 1994a, p. 379.

[256] Cfr *infra* § 3.3.3.2.1.1 et 4.2.2.1.1.2.

[257] Cfr MELCHERT 1994a, p. 379.

[258] La comparaison avec hitt. arāwaḫḫ- « rendre libre,... » est purement gratuite (cfr *LWErg*, p. 86).

[259] Cfr sur ce point MELCHERT 1994a, p. 67 et KIMBALL 1999, pp. 340-341.

[260] Cfr CARRUBA 1959, pp. 36-37 ; HEUBECK 1969, p. 405 ; MELCHERT 1994a, pp. 376-377.

[261] Cfr MELCHERT 1994a, pp. 376.

[262] Cfr, pour les deux derniers, *LW*, pp. 68 et 78 ; MELCHERT 1994a, pp. 377.

semble être déterminé par l'environnement phonétique[263] : *i* devant des consonnes à trait dental (*ś, t,...*), *u* à proximité d'une consonne labiale (*m, b, ...*) ou de *r*.

Nous ne sommes pas du tout certain que *a* soit vraiment une voyelle épenthétique dans *alarmaś* (à côté de *alarmś*), *inal* (à côté de *inl*)...[264] Pourquoi n'avons-nous pas *i* dans ces cas ? H. C. Melchert place le problème dans une perspective chronologique[265] : *i* et *u* seraient venues à date pré-lydienne, tandis que *a* interviendrait sporadiquement à l'époque de la composition du corpus. Ce raisonnement n'est pas concluant : tout d'abord, on voit que l'ajout des voyelles *i* et *u* est encore vivant en lydien (cfr *bλ*, qui est la forme ordinaire, et sporadiquement *buλ* ; voir aussi *aśturko-* (une seule fois) à côté de la forme courante *aśtrko-* (six attestations),...). Ensuite, les alternances *alarmaś/alarmś*, *inal/inl*, etc. peuvent s'expliquer autrement : nous n'avons pas eu l'occasion de faire une étude détaillée, mais il nous semble que l'analogie peut avoir joué un rôle[266].

3.1.3.3   *Métathèses*

C'est sans doute de cette manière que l'on doit interpréter la variante *-tor-* de la racine verbale *(-)tro-* « accorder, concéder » *vel sim.* : ainsi, *(-)tro-* dans *fa-kan-trow* (1ère pers. sing. du présent-futur), *kan-trod* (3ème pers. sing. (+ plur. ?). du présent-futur), *trodv* (1ère pers. sing. du prétérit), etc. ; mais *-tor-* dans *kan-toru* (1ère pers. sing. du présent-futur).

3.2   L'accent

3.2.1   Les recherches sur l'accent lydien et l'utilisation des inscriptions « poétiques »[267]

Il serait inutile de passer en revue toutes les hypothèses qui ont été formulées sur l'accent en lydien. Nous préférons évoquer les propositions de M. L. West et de H. Eichner, qui sont intimement liées et présentent les dernières tendances dans la recherche sur l'accent lydien. De plus, elles font toujours l'objet de commentaires et de critiques[268].

3.2.1.1   *M. L. West*[269]

M. L. West analyse dans un premier temps le mètre lydien et conclut que l'accentuation est déterminée par deux paramètres : le nombre de syllabes (douze dans la majeure partie des cas, onze dans quelques vers « acéphales ») et une répartition de

---

[263] Cfr CARRUBA 1969a, p. 42.

[264] Cfr *LW*, p. 31 ; HEUBECK 1969, p. 404 et 405 ; OETTINGER 1978, p. 87 ; MELCHERT 1994a, p. 377.

[265] Cfr MELCHERT 1994a, p. 377.

[266] C'est du moins ainsi que nous interprétons *inal/inl* : cfr *infra* § 4.3.2.4.2.

[267] Cfr *supra* § 2.1.6.

[268] Cfr GUSMANI 1988b et encore récemment GUSMANI 1995, pp. 15-16.

[269] Cfr WEST 1972 pour son analyse du mètre lydien, et WEST 1974 pour son étude sur l'accent des mots.

syllabes longues et brèves. Il tente de mettre en exergue cette dernière par des constatations statistiques mêlées de présupposés : M. L. West remarque que *aa*, *ã* et *ẽ* apparaissent de préférence à certains endroits dans le vers, à savoir les troisième, sixième et neuvième syllabes. Or, étant donné que *aa*, selon lui, est une voyelle longue, *ã* et *ẽ* devraient être de même nature. D'un autre côté, il considère que les syllabes où apparaissent les sonantes voyelles (*λ, l, m, n, v* centres syllabiques entre deux consonnes) ainsi que *ś* interconsonantique sont brèves. Comme dans le cas des voyelles longues, il observe leurs places de prédilection dans le vers et aboutit finalement au schéma métrique suivant (« ∪ » pour syllabe brève, « – » pour syllabe longue, « ∪ » pour syllabe longue ou brève)[270] :

$$∪ \; ∪ \; – \quad ∪ \; ∪ \; – \quad | \; ∪ \; | \; ∪ \; – \quad ∪ \; ∪ \; –$$

Il conclut que le vers lydien est généralement composé de quatre μέτρα de trois syllabes dont la deuxième est brève et la dernière est longue et porte l'accent[271].

Ce jeu d'alternance de longues et de brèves n'étant pas aléatoire, une porte s'entrouvrirait pour la détermination du type rythmique de la poésie lydienne : il ne reposerait pas uniquement sur le compte de syllabes ; il pourrait être de type quantitatif ou accentuel (pour M. L. West, les quantités sont aussi pertinentes dans la poésie de type accentuel). L'auteur n'exprime pas explicitement son opinion sur ce dernier choix ; nous pensons toutefois que, d'après lui, il s'agirait d'un mètre accentuel[272] : en effet, il affirme, sans démonstration, qu'il y a correspondance entre l'ictus et l'accent des mots. Il peut, grâce aux structures métriques qu'il pense avoir mises en évidence, déterminer la place de l'accent dans les mots lydiens et constater que la majorité de ceux-ci sont accentués sur la dernière ou l'avant-dernière syllabe, en justifiant vaille que vaille les quelques exceptions rencontrées.

Le travail de M. L. West présente des défauts majeurs : les présupposés abondent[273] ; des arguments statistiques sont quelquefois utilisés avec peu de prudence, compte tenu de l'exiguïté du corpus d'inscriptions lydiennes « poétiques » ; enfin, déduire l'accentuation des mots lydiens à partir des structures métriques qui elles-mêmes font intervenir des suppositions sur l'accent relève du cercle vicieux.

---

[270] Nous n'avons pas tenu compte des voyelles « intermédiaires » qui nuisent à la clarté des propos de M. L. West et dont l'évocation ici n'apporterait rien de pertinent. Ajoutons que l'auteur précise la structure métrique possible du premier hémistiche des vers « acéphales » : elle pourrait être du type ∪ ∪ – – ∪.

[271] En ce qui concerne le dernier μέτρον, il rejoint ainsi l'avis général que l'usage de la rime dans les vers lydiens dénonce une voyelle de syllabe finale accentuée (voir, par exemple, GUSMANI 1975c, p. 262 ; EICHNER 1986a, p. 21).

[272] EICHNER 1993, p. 114, éprouve apparemment les mêmes difficultés que nous à cerner les pensées de M. L. West, mais, selon lui, le philologue anglais penserait qu'il s'agit d'un mètre quantitatif.

[273] Nous rejoignons en cela les critiques de GUSMANI 1988b, pp. 244-246 : premièrement, M. L. West, comme nous l'avons dit, se prononce sur la qualité longue de *ã* et de *ẽ* sur la base de l'occurrence de *aa* au même endroit dans le vers, cette dernière voyelle étant (et cela ne fait aucun doute dans le chef de M. L. West) longue. Or, comme le souligne avec raison R. Gusmani, cela n'est vraiment pas une certitude : immodération, donc, dans les propos. Deuxièmement, le savant italien souligne le fait que rien n'impose une coïncidence entre l'ictus et l'accent du mot.

3.2.1.2   H. Eichner[274]

H. Eichner veut pallier ce dernier problème en s'occupant d'abord de l'accentuation des mots lydiens et en se servant ensuite de la poésie lydienne comme outil de vérification. Il estime cependant que les hypothèses de M. L. West constituent une grande avancée dans le domaine, surtout en ce qui concerne le caractère accentué ou inaccentué de certaines voyelles.

Son point de départ est en effet le suivant : la langue lydienne est une langue qui possède un accent dynamique[275]. Or, dans les langues de ce type, comme le russe ou l'allemand, les syllabes accentuées ont tendance à présenter une palette de timbres plus large que les inaccentuées. Ce fait lui permet de formuler une hypothèse : les centres syllabiques des mots lydiens peuvent être classés en trois catégories ; 1) ceux qui portent obligatoirement l'accent : *ii, e, ẽ, aa, ã, o* ; 2) ceux qui peuvent être accentués ou inaccentués : *i, y, a,* et *u* ; 3) ceux qui sont obligatoirement inaccentués : les sonantes voyelles *λ, l, m, n, v,* ainsi que *ś* interconsonantique. Sur base de cette hypothèse et de présupposés de bon aloi[276], H. Eichner formule huit règles[277] qui permettent de déterminer la place de l'accent dans les mots.

1) Les enclitiques sont inaccentués.

2) Les voyelles nasales[278] portent l'accent et ne peuvent donc apparaître qu'une seule fois dans les mots non composés[279].

3) Les sons de type *e* (*e* et *ẽ*) portent l'accent et ne peuvent donc apparaître qu'une seule fois dans les mots non composés[280].

4) *o* porte l'accent et ne peut donc apparaître qu'une seule fois dans les mots non composés[281].

5) Les voyelles redoublées *aa* et *ii* sont accentuées.

6) *a* devant consonne nasale est inaccentué[282].

7) Les sonantes et sifflantes voyelles ne portent pas l'accent.

8) Il est permis de recourir à des variantes graphiques (surtout *aa* au lieu de *a*) ou à d'autres formes du paradigme nominal (certains exemples semblent indiquer que l'accent ne change pas de place au sein du paradigme d'une forme[283]) pour

---

[274] Cfr EICHNER 1986a ; EICHNER 1986b ; EICHNER 1987 ; EICHNER 1993.

[275] Cfr § 3.2.2. Fait déjà remarqué par WEST 1974, p. 133.

[276] Cfr règles 1) et 7) ci-dessous.

[277] EICHNER 1986a, p. 9.

[278] Voir EICHNER 1986b pour le rôle de l'accent sur la nasalisation des voyelles.

[279] Cfr *infra* dans le même paragraphe.

[280] *Idem.*

[281] *Idem.*

[282] Nous renvoyons pour cela à EICHNER 1986b qui porte tout spécialement sur la nasalisation des voyelles devant nasale (encore présente ou disparue) en syllabe accentuée uniquement.

[283] Par exemple, si l'on considère que la nasalisation des voyelles n'apparaît que sous l'accent (voir note 282), des formes comme *wãnaś, wãnaλ,* et *wãnav* tendent à montrer que l'accent ne change pas de place au sein du paradigme de *wãna-*.

déterminer la place de l'accent dans les cas ambigus[284].

L'application de ces règles à quelques exemples montre que plusieurs d'entre elles peuvent être impliquées dans un même exemple et qu'elles forment par conséquent un système cohérent[285].

Il peut aussi arriver que deux voyelles censées porter l'accent apparaissent à l'intérieur d'une seule et même forme. Ces irrégularités trouvent une explication : H. Eichner constate que ces mots sont souvent des composés[286] ; il évoque dès lors deux possibilités : soit une extension analogique[287], soit l'apparition d'un accent secondaire.

Enfin, il passe les poésies lydiennes au crible de son hypothèse et constate qu'elles se laissent scander avec une assez grande régularité. Les vers sont formés majoritairement de quatre μέτρα occupés par des crétiques (– ∪ –) et des anapestes (∪ ∪ –).

3.2.2 Conclusion : essai de caractérisation de l'accent lydien

Quelle attitude prendre face à la théorie de H. Eichner ? Devons-nous suivre les mises en garde de R. Gusmani[288] qui dénonce ses partis pris non fondés et sa tendance dangereuse à la systématisation à l'extrême ? Nous avons décidé d'adopter le modèle conçu par H. Eichner comme hypothèse de travail[289] : il faut tout d'abord mettre en avant sa cohérence interne[290]. Mais cette qualité serait vaine si la théorie de H. Eichner ne permettait pas d'éclaircir certains faits de la langue lydienne : par exemple, elle rend compte de la répartition des voyelles nasales, qui pourrait a priori paraître capricieuse[291].

Étant donné ce choix, nous adopterons les caractéristiques de l'accent lydien telles que formulées par H. Eichner[292] : l'élément qui semble le plus assuré est la nature de l'accent ; celui-ci a, de toute évidence, une forte composante dynamique[293] : c'est ainsi que

---

[284] Par exemple *bitad*, écrit comme tel est ambigu ; mais étant donné que l'on trouve aussi *bitaad*, on peut supposer que cette forme est oxytone. On peut aussi citer la forme *aλaś*, qui doit être oxytone si l'on considère la forme *aλĕv*.

[285] Ainsi, l'enclitique *-av* (inaccentué) voit l'application des règles 1) et 6) ; dans *anlolav*, les premières et dernière syllabes sont inaccentuées selon la règle 6), mais la deuxième l'est selon la règle 4)...

[286] Considérons, par exemple, *fẽntrol* qui, selon les règles d'Eichner devrait présenter deux syllabes accentuées. Il est traditionnellement admis que cette forme est composée : *f(a)-ẽn-trol* où *f(a)-* et *-ẽn-* sont des préverbes (cfr *LW*, *s. v. fẽntrol-* ; cfr aussi *infra* § 4.3.3).

[287] Si nous reprenons l'exemple de la note 286, il est intéressant de remarquer que *ẽn* orthotonique est attesté (postposition *ẽn* « dans »).

[288] Cfr GUSMANI 1988b, pp. 246-248.

[289] MELCHERT 1994a, pp. 349-351, et A. Heubeck (*apud* EICHNER 1993, p. 116 note 81) ont aussi globalement accepté la théorie de H. Eichner.

[290] Cfr *supra* note 285.

[291] On comprend, par exemple, pourquoi *wãnav*, *ẽminav*,... ne présentent qu'une seule voyelle nasale : les unités accentuelles lydiennes ne peuvent avoir qu'un seul accent principal (accent culminatif) ; le premier mot est paroxyton, le deuxième, proparoxyton. On peut aussi expliquer pourquoi certaines désinences de l'accusatif animé singulier sont *-ẽv* (comme *tawśẽv*) et d'autres, *-av* (*wãnav*).

[292] Cfr EICHNER 1986a, p. 12, et EICHNER 1986b, pp. 217-218.

[293] Déjà WEST 1974, p. 133.

l'on peut expliquer les nombreux cas de disparition de voyelles[294]. Ensuite, il convient de constater que cet accent était libre : aucun paramètre, comme la place dans le mot (comme en français, en tchèque,...), éventuellement combinée à quantité[295] (comme en latin, en arabe classique,...), ne semble conditionner le caractère oxyton (*aλἔv, śanἔv, malἄv,...*), paroxyton (*kἄnaλ, wἄnaλ, fawnἔris,...*) ou proparoxyton (*katowalis, teśaśtid,...*) des mots. Enfin, certains exemples nous incitent à penser qu'il n'existe pas de mouvements d'accent à l'intérieur des paradigmes nominaux[296], mais l'absence de contre-exemples peut être due au caractère limité du corpus lydien; nous serions donc plus prudent que H. Eichner sur ce point.

Clôturons ce chapitre par la question suivante : peut-on être sûr que la place de l'accent obtenue par les règles de H. Eichner est bien celle de l'époque des textes ? En effet, il est permis de se dire que, par exemple, les phénomènes de nasalisation (ou la préservation de la nasalisation) sous l'accent ont eu lieu à date préhistorique, mais que, durant la constitution du corpus lydien, la place de l'accent s'est vue modifiée. Cela est tout à fait envisageable. Cependant, lorsque l'on applique ces règles aux « poésies » lydiennes, force est de constater que l'on obtient un résultat raisonnable[297].

3.3 *Consonantisme*

3.3.1 Déchiffrement des signes

3.3.1.1   l, m, n *et* r

La bilingue lydo-araméenne LW 1 permet de s'assurer des correspondances *l* = [l] (cfr lyd. *kulumsis* = aram. *zy klw*), *m* = [m] (cfr lyd. *mane-* « Mane- » (nom propre) = aram. *mny*), *n* = [n] (cfr lyd. *mane-* = aram. *mny*) et *r* = [r] (cfr lyd. *artimu-* « Artémis » = aram. *'rtmw*).

3.3.1.2   t, k, g, b, q *et* d

Les valeurs de *k* et *t* ont été reconnues très tôt, notamment grâce à la bilingue LW 1[298] : *k* = [k] (cfr, par exemple, lyd. *kulumsis* « de Koloë » = aram. *zy klw*), *t* = [t] (cfr, par exemple, lyd. *artimu-* « Artémis » = aram. *'rtmw*).

Le fait que *q* note un son qui provient du p.-i.-e. *$/k^w/$ a été établi par O. A.

---

[294] Cfr *supra* § 3.1.3.1.

[295] Il se pourrait, au contraire, que ce soit l'accent qui conditionne la longueur des voyelles.

[296] Par exemple, *wἄnaś* (nom. animé. sing.), *wἄnaλ* (dat.-loc. animé. sing.) et *wἄnav* (acc. animé. sing.), tous trois oxytons.

[297] EICHNER 1986b, p. 217, envisage la possibilité théorique que l'accent lydien, à l'époque de la composition des inscriptions, ne corresponde plus à celui que ses règles mettent en évidence. Si cela était le cas, comment considérer le caractère « régulier » de la métrique, lorsque l'on applique ces mêmes règles ? S'agirait-il d'une poésie « archaïsante », utilisant de vieilles formules figées ?

[298] Cfr LITTMANN 1916, p. 2.

Danielsson[299]. Il est toutefois légitime de se demander si la labio-vélaire sourde s'est maintenue telle quelle depuis l'époque proto-indo-européenne jusqu'au 4ème siècle[300]. Un élément pourrait infirmer cette idée : il semblerait que *q* soit aussi utilisé pour rendre des séquences originelles *$\hat{k}w$; ainsi, la racine *qa(a)s-*, que l'on rencontre par exemple dans *qasaa-* « possession » *vel sim.,* pourrait venir de p.-i.-e. *$\hat{k}w\bar{a}s$- (cfr grec πᾶμα « bien, possession » (et mots apparentés))[301]. Il est donc probable que *q* note un son issu à la fois de *$\hat{k}w$ et de *k^w : nous pensons à [kw]. Cette solution impliquerait que *$\hat{k}$ soit devenu *k* et *k^w, *kw*[302] et que deux phonèmes (/k/+/w/) soient rendus par un seul graphème[303]. Rien n'interdit non plus que *q* vaille [k^w] : *$\hat{k}w$, *kw* et *k^w seraient donc devenus /k^w/. Comme nous l'avons souligné précédemment[304], l'unique avantage de *q* = [kw] est de proposer une solution unique pour lyd. /ko/ et /Co/ provenant de */k^{w}o/ et de */Cwo/.

O. A. Danielsson pensait que */k^w/ serait devenu /p/ en lydien[305], et que, par conséquent, *q* = [p]. Cela est improbable : on ne pourrait pas alors comprendre la différence entre ce signe et *b* qui, manifestement, note [p][306] (cfr, par exemple, lyd. *bartaraś* (nom propre) = Παρταρας en LW 40, bilingue gréco-lydienne).

De là, naît une idée qui apparaissait déjà en germe sous la plume de R. Gusmani en 1965[307] et qui a récemment été exposée et amplifiée par J. M. Kearns[308] : le système des occlusives lydiennes, tel qu'il peut être appréhendé par le déchiffrement de son écriture, ne présente pas d'opposition de voisement : d'une part, il semble que lyd. *d* ne rende pas une occlusive dentale sonore, comme l'aurait laissé penser l'origine de son tracé (dérivé du *delta* grec[309]) ; c'est ce qu'indiqueraient des exemples comme *lewś* (emprunté au grec Δεύς[310]) ou *lamētruś* (fort probablement emprunté au grec Δαμάτηρ, forme non attico-ionienne de Δημήτηρ). Sinon, comment expliquer que ce signe n'ait pas été utilisé dans ces cas ? Nous devons aussi constater que *t* note une occlusive dentale sonore dans certains contextes, comme devant *r* tautosyllabique : cfr *aλiksa/āntru-* qui doit évidemment être rapproché de Αλέξανδρος. Il faut toutefois souligner que *d* devait représenter un son proche de [d] : les Grecs utilisent leur *delta* pour représenter le son que

---

[299] Cfr DANIELSSON 1917, p. 23.

[300] Cfr *LW*, p. 34.

[301] cfr GUSMANI 1976-1977, p. 168.

[302] Cfr *infra* § 3.3.2.2.1.2.

[303] Cfr *supra* § 2.1.4.1.

[304] Cfr *supra* § 3.1.1.2.2.3.

[305] O. A. DANIELSSON 1917, p. 23, aboutit à cette conclusion en comparant, à juste titre, le lydien *qaλm(λ)u-* « roi » à πάλμυς « roi » (attesté chez Hipponax et Lycophron). Que ce terme ait été emprunté au lydien ne fait presque aucun doute, mais il est imprudent d'en conclure que *q* = [p]. L'emprunt de ce mot a pu se produire fort tôt dans l'histoire de la langue grecque, avant les changements qui ont affecté les labio-vélaires ; ajoutons qu'il est déjà présent sous forme de nom propre dans l'Iliade : Πάλμυς est le nom d'un héros qui combat aux côtés des Troyens.

[306] Cfr GUSMANI 1965, p. 203-205.

[307] GUSMANI 1965, p. 204.

[308] KEARNS 1994, pp. 45-51.

[309] Cfr § 2.1.4.2.1.1.1.

[310] Cfr *supra* § 3.1.2.1.

note lyd. *d,* comme le suggère Σάρδεις qui doit être comparé à l'ethnique *śfarda-* « habitant de Sardes ». En conclusion, *d* doit rendre un son, certes, assez proche de [d], mais en aucun cas il ne peut s'agir d'une occlusive : il est tentant de suivre R. Gusmani qui propose prudemment une fricative interdentale sonore[311]. Signalons une autre solution, non moins intéressante, envisagée par H. C. Melchert[312] : un « flap » sonore [ɾ], semblable à celui que l'on pose en louvite hiéroglyphique pour expliquer le rhotacisme[313].

D'autre part, le signe *g,* attesté seulement quatre fois, semble être une notation fort sporadique de [g] : son tracé est dérivé du *gamma* grec et il paraît alterner avec *k* dans deux cas (dans un contexte favorable à sa sonorisation ?) : le premier est *qi-g* en LW 54$_4$, au lieu de la forme attendue *qi-k* (cfr LW 24$_8$: pronom relatif au nom.-acc. inanimé *qid* + particule enclitique *-k*[314]). Le second exemple est moins évident : il s'agit de *atrgolλ* en LW 11$_4$, qu'il faut sans doute comparer avec *atrokl* qui apparaît dans le même texte à la l. 8, comme le fait R. Gusmani[315]. Les deux autres attestations de *g* se trouvent dans des formes isolées, obscures et n'apportant aucune information[316]. La rareté de Ⴅ et l'absence d'autres signes indiquant une occlusive sonore[317] incitent à la prudence sur la valeur phonétique de Ⴅ. Nous n'irons toutefois pas jusqu'à suivre D. Schürr[318] qui interprète le signe (qu'il note <D>) comme une évolution d'un *delta* et lui attribue la même valeur que ɫ. Cette hypothèse est assez invraisemblable, à plus forte raison lorsque Ⴅ et ɫ apparaissent dans une même inscription, comme dans LW 11 et 54.

Conclusion : le système d'écriture lydien ne semble présenter aucune occlusive sonore, à l'exception peut-être de *g*. Cette situation pourrait être le reflet d'un système phonologique où seules les occlusives sourdes seraient distinctives. Il est toutefois licite d'imaginer que les signes notant normalement des occlusives sourdes notent, dans des contextes particuliers, les sonores correspondantes : c'est ce que nous avons dû supposer pour *g* ; nous avons aussi cité *aλiksa/āntru-* = Ἀλέξανδρος. Nous pourrions ajouter *atraśta-* (nom propre) = Ἀδράστης.

3.3.1.3   c *et* τ

Le premier à avoir émis l'hypothèse d'une relation entre τ et les occlusives dentales est W. G. Arkwright[319] : cette supposition repose sur l'observation de couples tels que *fakiτ/fakiτ, akτin/aktin,* etc. L'établissement de la valeur affriquée de τ, généralement

---

[311] GUSMANI 1965, p. 209.

[312] H. C. MELCHERT (communication personnelle).

[313] MELCHERT 2003b, p. 180.

[314] Cfr *infra* § 4.2.2.5.1.

[315] *LW*, pp. 70-71. Le sens de ces mots est obscur. Quant à leur analyse, R. Gusmani les interprète comme deux formes différentes d'un adjectif d'appartenance en *-li-* (cfr *infra* § 4.1.2.1) : *atrgolλ* serait au dat.-loc. sing. et *atrokl*, une forme « sans finale » (cfr *infra* § 4.1.1.4).

[316] Dans *lĕkqugi* en LW 49$_1$ (non analysable : cfr *LW*, p. 160) et *eg* en LW 34 (probablement une marque de tailleur de pierre).

[317] Cfr *infra* dans le même paragraphe et § 3.3.2.2.1.1.2.

[318] Cfr SCHÜRR 2000a, pp. 113-119.

[319] *Apud* BUCKLER 1924, p. XIII.

acceptée aujourd'hui, provient de l'analyse correcte de *kaττadmẽś* en *kat-* (préverbe
« en-dessous,... ») + *-sadmẽś* (= grec σῆμα) par R. Gusmani[320] et O. Haas[321]. Il est
cependant difficile de se prononcer davantage sur la valeur de ce signe : s'agit-il de [tç],
comme le laisserait supposer *kaττadmẽś* < **kat-sadmẽś* (*[t-ç] > [tç-tç], par assimilation
réciproque[322]) ? *Fak-iτ*, où *τ* proviendrait de *-(i)t-* (particule de sens encore obscur[323],
présente par exemple dans *fak-iṭ*) et de *-ś-* (particule sujette à controverses qui regroupe
vraisemblablement plusieurs fonctions[324]), indique à première vue [ts]. Il est cependant
possible que le *i* de *fak-it-ś* provoque la palatalisation de *[ts]. L'anthroponyme
aλiksa/ãntru- illustre un cas similaire : *[s] > [ç] après *[iC][325]. Ainsi, selon nous, *τ*
représenterait une affriquée palatale [tç]. Cette hypothèse s'accorde bien avec les données
étymologiques : certains cas de *τ* < **tsy* (le suffixe nominal *-τa-* < **-tsyo-*[326] < **-tyo-*)
montrent la disparition de la semi-voyelle palatale. Celle-ci pourrait avoir été
« absorbée » dans le phonème lydien *τ*.

La valeur phonétique de *c* a provoqué de nombreuses discussions et fait encore
l'objet de dissensions dans la communauté scientifique. Outre le fait que le graphème *c* ne
dérive pas directement de la source grecque à l'origine de l'alphabet lydien, il faut signaler
que la méthode combinatoire appliquée au corpus et la comparaison entre les noms
propres des textes bilingues n'offrent aucun indice fiable[327]. Dans ces conditions, le point
d'appui à la disposition des chercheurs est l'étymologie : les recherches d'A. Heubeck[328]
ont montré que ce signe note un son qui dérive de p.-i.-e. **d(ʰ)*. Le savant n'a cependant
pas défini le(s) contexte(s) conditionnant le changement[329]. C'est vraisemblablement pour
cette raison qu'il propose comme valeur phonétique pour ce signe [đ] ou [θ], empruntant
une voie injustifiée ouverte par H. T. Bossert[330]. Le seul moyen pour déterminer la valeur
de *c*, même approximativement, est de relever les contextes sûrs où a. c. *d* (< p.-i.-e.

---

[320] Cfr GUSMANI 1961a, pp. 185-186.

[321] Cfr HAAS 1962, p. 200.

[322] Cfr *infra* § 3.3.4.1.3.

[323] Pour plus de détails, cfr *LWErg*, pp. 61-62.

[324] Ainsi pour R. Gusmani, *-ś-*, selon les cas, peut être le pronom enclitique 3ᵉᵐᵉ personne du singulier ou
une particule réflexive (cfr *LWErg*, pp. 92-93) ; pour H. C. Melchert, à côté de sa fonction de particule
réflexive, *-ś-* peut être une particule d'emphase (cfr aussi MELCHERT 1991).

[325] Voir SCHÜRR 2000b, p. 124.

[326] Cfr *infra* § 3.3.3.2.4.1.

[327] Une lecture « *aθγịl* » du troisième mot de la bilingue lydo-grecque LW 40 et la supposition que celui-ci
corresponde à Ἀθηναίηι dans le texte grec (déjà chez LITTMANN 1916, pp. 39-40) permettait à NEUMANN
1967, pp. 84-86, d'établir une correspondance entre Τ (transcrit *θ* par le savant) et le *thêta* du grec.
GUSMANI 1986, pp. 158-160, a cependant bien souligné le piteux état du mot lydien (*vacγịl* selon lui, le *nu*
initial pouvant appartenir au mot précédent) et, partant, le handicap que cette situation constitue en vue d'un
rapprochement entre le supposé théonyme et une forme grecque qui aurait servi de modèle. SCHÜRR 1999,
pp. 165-168, va plus loin en interprétant ce mot, qu'il lit *fac?l* ou *fac?il*, comme un verbe (signifiant *grosso
modo* « offrir ») au prétérit 3ème pers. sg.

[328] Cfr HEUBECK 1959, pp. 51-57

[329] P.-i.-e. **d(ʰ)* doit donner normalement en lydien *t* (à l'initiale) ou *d* (à l'intérieur ou en finale de mot).

[330] Cfr BOSSERT 1944, pp. 110-111.

*$d^{(h)}$) > lyd. *c :* le premier que nous citerons est *_u (ainsi, (*da*)-*cuwe*- « placer » *vel sim.* < a. c. *duwe-*[331]). Le second est *_i (*ciw*- « dieu » < *diw-*[332], *ta(a)c-* « offrande » *vel sim.* < *dǽdi* < *d^héh₁-ti*[333]). Ces contextes phonétiques semblent plaider en faveur d'une assibilation de a. c. *d ; il semble donc plus admissible que *c* ait une valeur phonétique [dz], voire (après évolution) une fricative [z][334], plutôt que [ḏ] ou [θ]. Cette hypothèse prend plus de poids si l'on fait venir le préverbe *wc-* de *uds,* variante de *ud* « en haut »[335].

3.3.1.4   s *et* ś

Ces transcriptions pour les sifflantes ont été proposées par E. Littmann sur base, notamment, des noms propres apparaissant dans la partie araméenne de la bilingue LW 1 : ainsi remarque-t-il qu'à lyd. *siruk-* (anthroponyme) correspond aram. *srwk-,* qu'à lyd. *ibśi-* « Éphèse » correspond aram. *'pš-,* etc. Cette hypothèse est toutefois critiquée dès 1927 par P. Kahle et F. Sommer qui voient en *s* le fruit d'une palatalisation secondaire[336] ; P. Meriggi, en 1935, conclut qu'effectivement, *s* = [ç] et *ś* = [s][337]. Ce fait est aujourd'hui unanimement reconnu. Illustrons-le par un exemple tiré de la morphologie nominale : le nominatif singulier de genre animé est habituellement *-ś,* comme le montrent *wãnaś* « chambre funéraire » *vel sim.* ou *syrmaś* « temple ». Cela n'est pas le cas lorsque le thème se termine par *-i-* : ce son palatalise la désinence qui devient alors [ç] noté *-s,* comme l'illustrent *bilis* « suus », *ẽmis* « meus »,...

3.3.1.5   f *et* w

On reconnaît généralement à *f* la valeur [f]. Cette attribution repose sur trois arguments. Le premier (qui est, à notre avis, le plus fragile) est l'identité formelle de ce signe avec *f* de l'étrusque[338]. En deuxième lieu, il faut considérer un indice que nous livre la bilingue LW 1 : la version araméenne cite la ville de Sardes sous la forme *sprd,* qu'il faut comparer à *śfar(i?)-* « Sardes », *śfarda-* « habitant de Sardes » et *śfardēti-* « de Sardes » qui apparaissent dans les autres textes. E. Littmann note que *p* en araméen peut rendre aussi bien [f] que [p], mais que cette dernière valeur est rendue par lyd. *b* ; il faudrait donc supposer que *f* = [f][339]. Cette donnée s'accorderait à merveille avec le fait que *sĕfāraḏ* semble désigner Sardes dans l'Ancien Testament (ABDIAS, V, 20). Enfin, on peut se servir de la méthode combinatoire et se rendre compte que *f* alterne quelquefois

---

[331] Cfr HEUBECK 1959, pp. 54-55 ; cfr aussi *infra* § 3.3.3.2.4.2.

[332] Cfr VAN BROCK 1968, p. 120 ; cfr aussi *infra* § 3.3.3.2.4.2.

[333] Cfr *supra* § 3.1.1.3.2.5.

[334] Nous suivons en cela l'avis de MELCHERT 1991, pp. 134-135.

[335] Le premier à avoir rapproché *wc-* de p.-i.-e. *ud-* (skt *ud-,*...) est CARRUBA 1959, pp. 29-30 ; MELCHERT 1994a, p. 336, évoque la possibilité d'une variante *uds (cfr lat. *ab/abs,* grec ἐκ/ἐξ,...).

[336]Cfr KAHLE, SOMMER 1927, p. 25 note 2. Pour plus de détails, cfr *infra* § 3.3.2.2.3.

[337]Cfr MERIGGI 1935, p. 96 note 48.

[338] Cfr *supra* § 2.1.4.2.1.2.

[339] Cfr LITTMANN 1916, p. 12.

avec *w* et *b*[340] : ainsi rencontre-t-on *lefś* à côté de *lewś*, *fẽnsλifi-* (hapax) à côté de l'habituel *fẽnsλibi-* (« détruire » *vel sim.*). L'étude des quelques cas d'alternances rencontrés dans les textes dépend bien évidemment des valeurs que l'on attribue à *b* et à *w* ; si l'on prend en compte l'avis de R. Gusmani qui, en 1965, pensait que *b* notait [p][341] et *w*, [v][342], le passage sporadique de [v] à [f] devant [s] (*lefś* à côté de *lewś*) peut s'expliquer par une assimilation régressive partielle ([v] devient sourd au contact de [s])[343]. Le savant admet que les facteurs qui conditionnent les passages de [p] à [f] sont moins évidents, mais rappelle qu'une partie des *f* présents dans le vocabulaire lydien provient d'une occlusive labiale (par exemple, le préverbe *fa-* qu'il faut rapprocher de *pe-* en hittite, ou la particule introductrice de phrase *fa-* qui trouve un correspondant parfait dans le louvite (-)*pa-*) et que les cas d'alternance *b/f* doivent sans doute être placés dans ce cadre[344].

R. Gusmani pense donc qu'il existe une corrélation de voisement entre *f* = [f] et *w* = [v] (d'autres savants comme H. C. Melchert[345] partagent cet avis). Dans son chef, il semble inévitable qu'une alternance *lewś/lefś* implique les équations *w* = [v] et *f* = [f]. Selon nous, toutes les voies n'ont pas été explorées : il est en effet possible que *w* note [w] ; dans le cas cité ci-dessus, il se pourrait que la semi-voyelle bilabiale, par l'adoption des traits constrictif et sourd du [s] suivant, soit passée à la spirante [φ], que représenterait éventuellement le signe *f*. Cette alternative, à savoir *w* = [w] et *f* = [φ], à été présentée dès 1921 par A. Cuny[346] et a été exposée dernièrement par J. M. Kearns[347]. L'équation *w* = [w] permet d'expliquer, par exemple, l'introduction de *w* dans le groupe *buwaś* constitué de *bu-* « ou » et -*aś* (pronom enclitique de la 3ème personne du singulier)[348]. Cet exemple n'est, certes, pas décisif : on se rappellera qu'en sanskrit, *v* [v] se développe entre *u* et une voyelle[349]. Il reste donc une possibilité pour qu'au cours de l'histoire de la langue lydienne, le phonème /w/ soit passé à /v/, mais rien ne semble le prouver. Dans ces conditions, nous optons pour la solution la plus économique : l'absence de changement, *i. e.* lyd. *w* = [w][350]. Enfin, ajoutons qu'en lycien, */w/ se maintient ordinairement (cfr *g^wow+* « vache » > *wawa-*), mais devient fricatif lorsqu'il suit une consonne (cfr *dwi-* « deux » > *kbi-* « deux ; autre »)[351].

---

[340] Cfr *LW*, pp. 31-32.

[341] Cfr GUSMANI 1965, pp. 204-206.

[342] Cfr GUSMANI 1965, p. 206.

[343] Cfr GUSMANI 1965, p. 206.

[344] Cfr GUSMANI 1965, pp. 206-207.

[345] Cfr MELCHERT 1994a, p. 334.

[346] Cfr CUNY 1921, pp. 6 et 8.

[347] Cfr KEARNS 1994, pp. 39-40 ; 42-43.

[348] GUSMANI 1965, p. 206, présente d'autres exemples illustrant la nature semi-vocalique de *w*.

[349] H. C. MELCHERT (communication personnelle).

[350] Se demander si *f* note [φ] ou [f] nous semble secondaire : étant donné la proximité entre les deux sons et l'absence d'indices pouvant faire pencher la balance dans un sens ou l'autre, nous nous abstiendrons de nous prononcer sur sa nature exacte.

[351] Cfr MELCHERT 1994a, p. 308.

3.3.1.6   λ *et* ν

Ces signes ne proviennent vraisemblablement pas de « l'alphabet modèle » grec[352] ; ce fait explique pourquoi l'attribution de leur valeur a été des plus mouvementées. Nous tâcherons de ramener l'histoire de leur interprétation à l'essentiel.

Dès 1917, W. G. Arkwright[353] et O. A. Danielsson[354] ont reconnu indépendamment que λ devait représenter une consonne latérale : l'équivalence *aλiksa/āntru-* = Ἀλέξανδρος tendrait à le prouver. Mais quel trait différencierait le son que note ce signe et *l* ? L'hypothèse avancée par P. Kahle et F. Sommer[355], à savoir que cette latérale serait de nature palatale, est celle qui, aujourd'hui, reçoit le plus de soutien. L'exemple le plus marquant que nous citerons pour illustrer ces propos est le terme *aλa-* « autre » qui doit remonter à *alyo-*.

La découverte que ν devait noter un son proche de [n] doit être attribuée à W. G. Arkwright[356]. Ce constat peut être effectué sur la base d'alternances comme *esν tacn / esn taacn / esν tacν*. Parmi les nombreuses hypothèses qui ont été formulées par la suite, il faut en citer une qui a bénéficié d'un grand succès depuis les années soixante jusqu'à nos jours : on a remarqué que ce signe, dans nombre de cas, se trouve à côté de [i], qui, ensuite, a pu disparaître (ainsi, le pronom relatif *qi-* a pour accusatif commun singulier *qν*). Il semblait donc concevable que ce signe note un son parallèle à celui de λ. Cependant, en 1978, R. Gusmani montre de manière brillante qu'il doit s'agir d'une sorte de [n] affaibli qu'il note par [^{n}][357]. Parmi les observations qu'il fait, retenons les éléments suivants : tandis que ce signe n'apparaît jamais en début de mot, la majorité de ses occurrences surviennent en finale ; les étymologies les plus sûres montrent que -ν, en cette position, provient de a. c. *-n* < p.-i.-e. *-m* ou *-n*[358]. Ainsi, la désinence de l'accusatif animé singulier, -ν, provient de p.-i.-e. *-m,* via a. c. *-n*[359]. En outre, ν n'apparaît jamais devant une consonne ; il tombe lorsqu'il se trouve en fin de mot et qu'il est amené à devenir pré-consonantique : ainsi, *qik* peut être analysé en *qiν* (pronom relatif *qi-* à l'accusatif animé singulier) + *-k* (qui, en l'occurrence, possède une fonction généralisante)[360].

---

[352] Cfr *supra* § 2.1.4.2.1.2.

[353] *Apud* COOK 1917, pp. 82 & 221 note 3.

[354] Cfr DANIELSSON 1917, p 14.

[355] Cfr KAHLE, SOMMER 1927, pp. 24-25 note 2.

[356] *Apud* COOK 1917, pp. 82 & 221 note 3.

[357] Cfr GUSMANI 1978, pp. 842-845.

[358] Cfr *infra* § 3.3.2.2.2.1..

[359] Cfr *infra* § 4.1.1.1.2.

[360] Cfr *infra* § 4.2.2.5.1.

3.3.2   Constitution du système consonantique lydien

3.3.2.1   *Du proto-indo-européen à l'anatolien commun*

3.3.2.1.1   Les consonnes du proto-indo-européen

		sourdes	sonores	sonores aspirées
occlusives	bilabiales	*/p/	*/b/	*/b^h/
	dentales	*/t/	*/d/	*/d^h/
	vélaires	*/k/	*/g/	*/g^h/
	palatales	*/k̂/	*/ĝ/	*/ĝ^h/
	labio-vélaires	*/k^w/	*/g^w/	*/g^{wh}/

sonantes	semi-voyelles	bilabiale	*/w/
		palatale	*/y/
	liquides	latérale	*/l/
		vibrante	*/r/
		nasales	*/m/
			*/n/

fricative sifflante sourde	*/s/

« laryngales »	*/h$_1$/ */h$_2$/ */h$_3$/

3.3.2.1.2   Les consonnes de l'anatolien commun

		sourdes (fortes ?)	sonores (douces ?)
occlusives	bilabiales	*/p/	*/b/
	dentales	*/t/	*/d/
	vélaires	*/k/	*/g/
	palatales	*/k̂/	*/ĝ/
	labio-vélaires	*/k^w/	*/g^w/

sonantes	semi-voyelles	bilabiale	*/w/
		palatale	*/y/
	liquides	latérale	*/l/
		vibrante	*/r/
		nasales	*/m/
			*/n/

fricatives	vélaires ou pharyngales	sourde (forte ?) */H/	sonore (douce ?) */h/
	sifflante sourde	*/s/	

3.3.2.1.3   Changements survenus

Il serait fastidieux et inopportun de passer en revue toutes les modifications qu'a subies le système des consonnes, du proto-indo-européen à l'anatolien commun : les savants sont en désaccord sur de nombreux points. Nous avons donc décidé de n'esquisser ces modifications que dans les grandes lignes, en veillant à ne citer que les hypothèses qui sont accueillies par un grand nombre de chercheurs.

3.3.2.1.3.1 *Les occlusives*

Il semble, tout d'abord, qu'il n'y ait aucun indice infaillible indiquant le maintien de l'opposition *sonore ~ sonore aspirée* en anatolien commun : nous suivrons donc H. C. Melchert[361] en disant que, jusqu'à preuve du contraire, le seul trait d'opposition qui paraît survivre à ce stade est le voisement (ou la tension ?).

Il faut ensuite évoquer les « lois d'Eichner » qui postulent la sonorisation (ou lénition ?) des occlusives sourdes après voyelle longue et diphtongue accentuées[362] et entre deux voyelles inaccentuées[363] [364].

---

[361] Cfr MELCHERT 1994a, pp. 53-54.

[362] Cfr EICHNER 1973, pp. 79-83 ; cfr aussi MORPURGO DAVIES 1982-1983 pour un exposé centré sur le domaine lyco-louvite. Par exemple, comparer hitt. *ēpurāi-* « prendre d'assaut » (avec un seul *p*), dénominatif d'un nom verbal *$*ēpur$ < *$*h_1\acute{e}p\text{-}wṛ$, et *epp-* « prendre » (avec deux *p* ; cfr skt *āpnoti*) ; pal. *kīṭar* « il est couché », avec un seul *t, < *$*k\acute{e}y\text{-}tor$ (avec une dentale sourde originelle ; cfr dés. *-tur* du latin) ; louv. cun. *āta* (avec un seul *t*), louv. hiér. *ara* (« rhotacisme » indiquant *[d] originel) et lyc. *ade* « il fit » < a. c. *$*\acute{æ}da$ < *$*yeh_1\text{-}to$; finales verbales lyd. *-nod* < (peut-être) a. c. *$*\text{-}n\acute{e}udi$ < *$*n\acute{e}u\text{-}ti$ (cfr *infra* § 4.3.2.4.3).

[363] Cfr EICHNER 1980, pp. 146-147 note 69, pour le hittite ; cfr MORPURGO DAVIES 1982-1983 pour le pendant lycien et le louvite. Ainsi, l'abl.-instr. louv. cun. *-ati* = louv. hiér. *-ar/ti* = lycien *-e/adi* < a. c. *´odi < *´oti ; lyd. présent 3ème pers. sing. (+ plur. ?). *-ad* < a. c. *$*\text{-}\acute{a}Hyedi$ < *$*\text{-}\acute{e}h_2yeti$ (cfr *infra* § 4.3.2.3.4).

[364] Les deux lois ont dernièrement trouvé une formulation unique sous la plume d'ADIEGO 2001 : ce dernier exprime habilement le problème en termes de mores : « En protoanatolico, una consonante oclusiva sorda (y también *h*) se convierte en sonora entre dos moras toda vez que estas moras sean no acentuadas » (ADIEGO 2001, p. 18).

Nous devons ajouter que l'affriquée *[ts] devient variante contextuelle de */t/ devant */y/[365].

Précisons enfin que les palatales[366] et les labio-vélaires[367] semblent avoir survécu. Pour ces dernières, il est probable qu'il y ait eu neutralisation de l'opposition de voisement (ou tension ?) à l'intérieur des mots en faveur des sonores[368].

3.3.2.1.3.2 *Les « laryngales »*

*/h₁/ et */h₂/ sont les « laryngales » qui soulèvent le moins de polémiques : en résumant les faits à l'extrême, nous pouvons dire que la première « laryngale » aurait complètement disparu en anatolien commun, tandis que la deuxième serait restée en de nombreuses positions, notamment à l'initiale et entre deux voyelles. De nombreux savants admettent la disparition de */h₃/ à l'intérieur des mots, mais son maintien ou non à l'initiale demeure une question controversée[369].

Quel que soit le détail de ces bouleversements, on émet généralement l'hypothèse qu'en position intervocalique, il restait au stade de l'anatolien commun deux fricatives vélaires ou pharyngales : d'une part, */H/[370], fricative sourde (ou forte)[371] qui est le résultat ordinaire de */h₂/ et qui survit dans les langues à écriture cunéiforme sous la forme -ḫḫ-[372] ; d'autre part, */h/[373], version sonore (ou lénifiée) de la précédente et qui, en position intervocalique, apparaîtra en écriture cunéiforme sous la forme -ḫ- ; ce phonème provient lui aussi de */h₂/ mais aurait été sujet aux mêmes lois de lénition que pour les occlusives[374] : ainsi, cette fricative est sonorisée (ou lénifiée) après une voyelle longue ou une diphtongue accentuées[375] et entre deux voyelles inaccentuées[376].

---

[365] Cfr MELCHERT 1994a, p. 62. Ainsi, le suffixe *-tyo-, servant à former des adjectifs à partir d'adverbes locatifs et de noms, présente une affriquée dans toutes les langues historiques ; par exemple, hitt. *sarazzi-* = lyc. *hrzzi/e-* « qui se trouve au-dessus », lyd. *armτa-* « de Arma » (pour une autre analyse, cfr SCHÜRR 1997, p. 207 : « messager »), etc. Le fait que l'élément conditionnant [y] soit encore présent en vieux hittite (par exemple *appizziya-* « qui se trouve après » < *opítyo-) indique, selon MELCHERT 1993a, p. 239, que [ts] devait être une variante combinatoire de /t/ devant [y] en anatolien commun.

[366] MELCHERT 1987 montre que le louvite et le lycien traitent de manière différente p.-i.-e. */k̂/ d'une part, et p.-i.-e. */k/ et */kʷ/ d'autre part, ce qui tendrait à prouver le maintien des trois séries de dorso-vélaires en anatolien commun.

[367] Pour une argumentation soutenant la présence des labio-vélaires en hittite, cfr LINDEMAN 1965.

[368] Cfr ČOP 1955, p. 68.

[369] MELCHERT 1987b présente des arguments intéressants en faveur de son maintien. H. Eichner, pour ne citer que lui, n'est pas de cet avis (cfr, par exemple, EICHNER 1988, pp. 137-138).

[370] Notation empruntée à H. C. Melchert (cfr, par exemple, MELCHERT 1994a, p. 55).

[371] Cfr MELCHERT 1994a, p. 55.

[372] Ainsi hitt. *paḫḫur* « feu » < a. c. *páHwr̥.

[373] Notation empruntée à H. C. Melchert (cfr, par exemple, MELCHERT 1994a, p. 55).

[374] Cfr EICHNER 1973, pp. 100 note 88 ; MORPURGO DAVIES 1982-1983, p. 270.

[375] Par exemple, hitt. *mēḫur* « temps » < a. c. *mĕ́hwr̥ (cfr EICHNER 1973, surtout pp. 63 svv.).

[376] Par exemple, désinence 1ᵉʳᵉ pers. sing. de l'indicatif moyen *´h₂eh₂e+ > a. c. *-Haha > hitt. -ḫḫaḫat(i) (et non **-ḫḫaḫḫa(ti)), -xagā (et non **-xaxā) (cfr MELCHERT 1993a, p. 241).

3.3.2.1.3.3 *Les sonantes*

Les sonantes ont été préservées avec une assez grande fidélité. Il convient toutefois de souligner les éléments suivants : premièrement, il est fort probable qu'il y ait eu disparition de */y/ à l'initiale devant */e/[377]. Deuxièmement, il semblerait que les sonantes syllabiques aient été conservées[378]. Troisièmement, il nous paraît vraisemblable que les *-m* finaux soient devenus *-n*[379].

3.3.2.2   *De l'anatolien commun au lydien*

3.3.2.2.1   Les occlusives

Dans un premier temps, nous allons nous pencher sur des phénomènes phonétiques qui ont affecté les occlusives. Ensuite, nous évoquerons en particulier le sort des labio-vélaires et des palatales.

3.3.2.2.1.1 *Spirantisations, affrications et assourdissements*

Les phénomènes phonétiques qui ont touché les occlusives sont nombreux et variés. De plus, certains n'ont affecté qu'une seule d'entre elles, d'autres, toutes. Enfin, comme nous le verrons, la chronologie relative ne doit pas être négligée... La présentation de ce point est donc complexe ; il semble par conséquent que le plus commode serait d'envisager, avec H. C. Melchert[380], deux étapes.

3.3.2.2.1.1.1   **Première étape : spirantisations et affrications**

La labiale sourde */p/ devient /f/ dans des conditions qui demeurent encore obscures[381] (par exemple, *fa-* préverbe/particule introductrice provient de < *pe/o-*).

Nous devons aussi évoquer */d/ qui devient l'affriquée /dz/ (puis /z/ ?) devant */i/ (par exemple, *ciw-* « dieu » < *diw-*[382]) et */u/ (par exemple, *(da)-cuwe-* « placer » *vel sim.* < *duwe-*[383]), et se spirantise en finale (par exemple, *-ad* (pron. enclitique nom.-acc. inanimé) < *-od*[384]) et à l'intérieur des mots (par exemple, *kud(-)* « où » < a. c. *k^wudV* < p.-i.-e. *k^wud^hV*[385]), excepté après nasale où il devient /t/ (par exemple, *ẽt-* < *éndo*[386]).

---

[377] Ainsi, louv. cun. *āra/i-* « temps » < a. c. *ǽra-* < *yéh₁ro-* ; hitt. *ewa-* < *yéwo-* « orge », etc.

[378] Nous renvoyons à MELCHERT 1994a, p. 55, pour les indices qui mènent à cette conclusion.

[379] C'est ce que laissent supposer, notamment, les désinences de l'accusatif animé sing. des langues anatoliennes : *-n* pour le hitt., le louv. cun., le louv. hiér. et le pal. et en *-v* en lyd. (en lyc., *-n* nasalise les voyelles finales du thème (sauf *-i*) avant de disparaître : cfr *-ẽ* et *-ã*).

[380] MELCHERT 1993a, p. 252.

[381] Devant voyelle inaccentuée, comme le suggère, exemples à l'appui, MELCHERT 1994a, p. 358 ?

[382] Cfr *infra* § 3.3.3.2.4.2.

[383] Cfr *infra* § 3.3.3.2.4.2.

[384] Cfr *infra* § 3.3.3.2.3.4.

[385] Cfr *infra* § 3.3.3.2.3.4.

[386] Cfr *infra* § 3.3.3.2.1.2.

3.3.2.2.1.1.2 Deuxième étape : assourdissement des occlusives

Il semble qu'ensuite, l'opposition de voisement ait disparu en faveur d'une généralisation des occlusives sourdes[387] (citons *taada-* « père » < **dada-*[388], *kãna-* « femme » < **kóna-* < **k^{w}óna-* < **g^{w}onã-*[389], *bi-* (pron. pers. 3ème pers. sing.) < (aphérèse) **obí-*[390], etc.). Comme nous avons déjà eu l'occasion de le souligner, il est probable que les occlusives restantes développent des variantes contextuelles sonores dans des environnements donnés[391].

3.3.2.2.1.2 *Le sort des labio-vélaires et des palatales*

En ce qui concerne les labio-vélaires, nous avons évoqué précédemment le manque de renseignements sur la prononciation exacte de *q* : [kw] ou [k^w][392]. L'opposition de voisement entre **/k^w/* et **/g^w/* a disparu à l'initiale des mots, à l'instar des autres occlusives[393]. Nous devons aussi mentionner des phénomènes de délabialisation dans quatre environnements : devant **/o/* (*-kod* (particule de généralisation) < **k^{w}od*[394]), devant **/u/* (*kud* « où » < *k^{w}ud(V)*[395]), en finale, après les apocopes[396] (*-k* (particule conjonctive et généralisante) < **-k^{w}e*[397]) et devant consonne (*kλida-* « terre » < **k^{w}lēy-o-*[398]). Rappelons enfin qu'il y a vraisemblablement eu, en anatolien commun, disparition de l'opposition de voisement pour les labio-vélaires à l'intérieur des mots et généralisation des sonores[399] ; de l'anatolien commun au lydien, il semble que **/g^w/* devienne /w/ (ainsi, la racine verbale *saw-* « voir » *vel sim.* doit provenir de a. c. *seg^w-* < p.-i.-e. **sek^w-*[400]).

Le sort des palatales est obscur en raison d'un manque d'exemples sûrs[401]. Certains

---

[387] Cette situation est rare dans les langues indo-européennes mais pas unique : pensons au tokharien.

[388] Cfr *infra* § 3.3.3.2.1.2.

[389] Cfr *infra* § 3.3.3.2.2.4.

[390] Cfr *infra* § 3.3.3.2.1.1.

[391] Par exemple, [d] variante contextuelle de /t/ devant /r/ : comparez *atraśta-* (nom propre) = Ἀδράστης ; *aλiksa/ãntru-* = Ἀλέξανδρος est un cas plus ambigu : soit, il illustre le même phénomène que dans le cas précédent, soit il montre que [d] est aussi variante contextuelle de /t/ derrière une nasale ou une voyelle nasale (c'est notamment l'avis de H. C. MELCHERT 1994a, p. 329). Il faut peut-être aussi supposer que [g] est variante contextuelle de /k/ à proximité de /r/ comme l'indiquerait *atrgoli-* (adj. de sens obscur : *hapax*, LW 11$_4$) qui doit sans nul doute être rapproché de *atrokl* (*hapax*, LW 11$_8$: forme « sans finale » de cet adjectif ? Cfr *infra* § 4.1.1.4), malgré l'avis de SCHÜRR 2000a, pp. 114-115.

[392] Cfr § 3.3.1.2.

[393] Cfr *supra* § 3.3.2.2.1.1.2.

[394] Cfr *infra* § 3.3.3.2.1.3.

[395] Cfr *infra* § 3.3.3.2.3.4.

[396] Cfr *supra* § 3.1.3.1.2.

[397] Cfr *infra* § 3.3.3.2.1.3.

[398] Cfr *infra* §§ 3.3.2.2.2.4 et 3.3.3.2.1.3.

[399] Cfr *supra* § 3.3.2.1.3.1.

[400] Cfr *infra* § 3.3.3.2.2.1.

[401] Ainsi, il est tentant de suivre MELCHERT 1994a, p. 331, qui s'appuie sur le fameux fragment d'Hipponax « Ἑρμῆ κυνάγχα, μηονιστὶ Κανδαῦλα » (cfr MASSON 1962, fragment 3 vers 2) pour reconstruire lyd. **kãn-*

éléments semblent cependant indiquer que les palatales et vélaires se sont confondues au profit des vélaires : le rapprochement effectué par M. Poetto[402] entre *kofu-* « eau » et arm. classique *cov* « mer » (thème en -*u*-) permet de reconstituer a. c. *$\hat{g}\acute{o}bu$-*[403]. Si la racine *qa(a)s-*, impliquant l'idée de possession (cfr, par exemple, *qasaa-* « possession » *vel sim.*), provient bien de p.-i.-e. *$\hat{k}w\bar{a}s$-* (cfr grec πᾶμα « bien, possession » (et mots apparentés))[404], il est alors permis de supposer *$/\hat{k}/$ > lyd. */k/*, quel que soit ensuite le sort de la séquence */kw/* (maintien ou > /kʷ/)[405].

3.3.2.2.2 Les sonantes

3.3.2.2.2.1 *Les nasales*

Il faut noter les deux phénomènes suivants : premièrement, en finale, a. c. */n/* (< p.-i.-e. */m/* et */n/*) est vraisemblablement affaibli, ce que noterait le signe *v* ; cfr, par exemple, la désinence de l'acc. animé sing. -*av* < a. c. *-on* < p.-i.-e. *-om*[406]. La désinence verbale -*wv* constitue un exemple plus ambigu : s'il ne fait plus de doute qu'elle marque la 1ère pers. pl., il y a toujours lieu de se demander, selon nous, si elle relève du prétérit et, partant, si elle provient d'un plus ancien *-wen* (cfr hitt. -*wen*) ou si, liée à la sphère du présent, elle serait tirée de *-wen* < *-weni* (cfr hitt. -*weni*)[407]. Autrement dit, où se situe au niveau chronologique l'affaiblissement des nasales en finale absolue par rapport à l'apocope des *i* inaccentués ? Rien, à notre connaissance, ne permet de trancher la question de manière définitive. Il est cependant utile de rappeler que la particule enclitique -*in* < *-nu*[408] semble montrer que *u* final aurait disparu après le phénomène d'affaiblissement.

Deuxièmement, a. c. */n/* implosif (sauf en finale !) tombe en lydien (par exemple, *éndo* > *ẽt-* « à l'intérieur »[409]). Soulignons que */n/* devant */s/* a dû disparaître plus tôt,

---

« chien » (= κυν- de gr. κυνάγχα) < a. c. *$\hat{k}won(V)$-* et y voir un témoignage en faveur de /k/ < */$\hat{k}$/ ; cette étymologie est la plus communément admise, le second élément du composé -δαυ- étant généralement rapproché du v. sl. *daviti* « étrangler » (cfr *LW*, p. 274, avec réf.). Mais la personnalité satirique du poète est telle qu'un doute subsistera toujours sur l'étymologie et le sens originel de Κανδαύλης : dernièrement, SCHÜRR 2000c, pp. 165-168, proposait de l'analyser comme le dérivé (via le suffixe -*la-*) d'un verbe *kan-tawa-*, où *kan-* serait un préverbe (cfr *infra* § 4.3.3.1) et *tawa-* devrait être rapproché de p.-i.-e. *tewh₂-* « être fort ».(cfr *tawśa-* « grand; puissant ») (pour l'implication de cette racine verbale dans le composé, voir déjà OETTINGER 1995b, pp. 39-43, mais avec *$\hat{k}won$-* comme premier élément). Enfin, nous rappellerons pour mémoire que SZEMERÉNYI 1969, pp. 980-981, opère un lien entre Κανδαύλης et louv. *hantawat(i)-* « souverain », lyc. *χñtawat(i)-* (même sens) : nous ne pouvons cependant accepter cette proposition (cfr *infra* § 3.3.2.2.3 sur le traitement des laryngales).

[402] Cfr POETTO 1979.
[403] Au sujet de l'assourdissement des occlusives, cfr *supra* § 3.3.2.2.1.1.2.
[404] Cfr GUSMANI 1976-1977.
[405] Cfr *supra* § 3.3.1.2.
[406] Cfr *infra* § 4.1.1.1.2.
[407] Cfr *infra* § 4.3.1.3.1.
[408] Cfr hittite *nu-* (?).
[409] Cfr *infra* § 3.3.3.2.1.2.

avant la nasalisation de la voyelle précédente[410] (comparer *eśa-* « descendant » < **Hónso-*[411] et *ẽt-* < **éndo*).

3.3.2.2.2.2 */l/

*/l/ se palatalise devant */y/ (ainsi, *aλa-* « autre » < **alyó-*[412]) et peut-être devant /i/ (dat.-loc. sing. *-λ* < **-lī*[413]).

3.3.2.2.2.3 */w/

*/w/ devient la fricative labio-dentale sourde /f/ après */s/[414] (ainsi, *śfarwa-* « votum » < **sworwo-*[415], *weśfa-* « vivant » < a. c. **Hweswo-*[416] etc.).

3.3.2.2.2.4 */y/

*/y/ semble avoir complètement disparu en lydien. Bien que dans le détail son sort demeure obscur, certains témoignages tendent à montrer sa chute en position post-consonantique (par exemple, *aλa-* « autre » < **alyó-*[417], le suffixe nominal *-ta-* < **-tsyo-*[418],...). Nous avions déjà évoqué son amuïssement à l'initiale devant */e/ en a. c.[419]

H. C. Melchert a soutenu il y a une dizaine d'années[420] que */y/ est devenu /ð/ (noté *d*) dans les deux contextes suivants : à l'initiale, comme dans *dẽt-* « bien (mobilier ?) » < **h₁yont-*[421] ; et en position intervocalique : *bidv* « j'ai donné » < **píyom*[422]. Cette hypothèse, déjà énoncée par le passé[423], est séduisante : nous avons nous-même proposé de voir l'application de ce phénomène dans *kλida-* « terre » (< **kʷléy-o-*)[424] et l'ethnique λυδός (à partir du nom du pays louvite « KUR ⁽ᵁᴿᵁ⁾Lu-ù-i-ya »[425]).

Certaines questions semblent cependant difficiles à trancher : qu'advient-il, par exemple, des séquences **Vye*[426] ? Pour H. C. Melchert[427], le *yod* est aussi devenu *d* dans

---

[410] Cfr *supra* § 3.1.1.2.2.8.

[411] Cfr *supra* § 3.1.1.3.2.3.

[412] Cfr *infra* § 3.3.3.2.2.3.

[413] Cfr *infra* §§ 3.3.3.2.2.3 et 4.1.1.1.4

[414] Cfr GUSMANI 1975d.

[415] Cfr *infra* § 3.3.3.2.3.1.

[416] Même racine **h₂wes-* > que dans lyd. *wśta-* « vivant » (< a. c.**Hus-tó-*) et hitt. *ḫwiswant-* « vivant ».

[417] Cfr *infra* § 3.3.3.2.2.3.

[418] Cfr *infra* § 3.3.3.2.4.1.

[419] Cfr § 3.3.2.1.3.3.

[420] Cfr principalement MELCHERT 1994b et MELCHERT (à paraître).

[421] Cfr *infra* § 3.3.3.2.3.4.

[422] Cfr MELCHERT 1994a, p. 364.

[423] Cfr DEETERS 1927, col. 2159, qui expliquait le théonyme lydien *qλdãn-* à partir de gr. **Apeljōn*. Sur cette étymologie controversée : cfr GÉRARD (à paraître), note 10.

[424] Cfr *infra* § 3.3.3.2.1.3 et GÉRARD (à paraître), note 17.

[425] Cfr principalement GÉRARD 2003.

[426] Pour rappel, nous supposons **ye* > **yi* > *i* / $C\_$: cfr *supra* 3.1.1.2.2.4.

[427] MELCHERT (à paraître), note 19 : l'auteur y révise son enseignement de MELCHERT 1994a, p. 377 et

ce contexte, après avoir entraîné ou non la fermeture du *e suivant. Plus concrètement, les verbes qui présentaient une séquence *-Vyeti (3ème sg. du présent) auraient donné en lydien, selon les cas[428], *-eyeti > *-edidi/*-ededi > *-edd > -ed ou *-eh₂yeti > *-ā́yeti > *-ā́didi/*-ā́dedi > *-ā́dd > -ad. Ce scénario nous paraît vraisemblable, mais soulève tout de même des questions : si l'on doit faire remonter la finale °es de kataλres (2ème sg. présent-futur)[429] à *-eyesi, on est obligé de poser *°de/isi > *°ds > °s. Pourquoi dans ce cas n'a-t-on pas obtenu **c (cfr préverbe wc- > *uds)[430] ? Ne serait-il pas possible que *y intervocalique, au lieu de se renforcer, comme devant *o/a, ait disparu devant *e ? Ainsi, provisoirement, nous posons comme solution alternative *-eye- > *-ee- > -e- et *-ā́ye- > *-ā́e- > -a-[431].

Tout récemment, un second problème intéressant a été soulevé par le même auteur : n'est-il pas possible que les diphtongues en *Vy deviennent Vd ? Il avance deux exemples[432] : le premier est qed, forme qui alterne synchroniquement avec le pron. rel. nom.-acc. neutre sing. qid (< *k^wid), mais qui, selon lui, pourrait refléter un plus ancien collectif « hystérodynamique »[433] *k^wḗy. Il est toutefois plus probable que cette dernière forme ait donné *qe, à l'image de « l'hystérodynamique » *kowḗy qui serait devenu dans un premier temps *kawe, puis kawe+ś « prêtre »[434]. Le second exemple que l'auteur aborde est sadmē-[435] (+ kaττsadmē-) : ce nom verbal serait construit sur un radical *soy-, degré o de *si- que l'on rencontre dans kaττi-[436] < *kat-si- et fa-si- (sens obscur). Cette deuxième hypothèse nous paraît aussi fragile : le sort *oy > ad surprend ; on s'attendrait à un monophtongaison, comme c'est le cas pour la particule -ś < *-sV < *-soy.

---

revient à la présentation de MELCHERT 1992a, pp. 46-54.

[428] Cfr infra §§ 4.3.2.3.3 (« dénominatifs » en *-eye-), 4.3.2.3.4 (« dénominatifs » en *-eh₂ye-) et 4.3.2.4.4 (« itératif-causatifs » en *-eye-).

[429] Cfr infra § 4.3.2.3.3.

[430] Cfr supra § 3.3.1.3.

[431] Il nous faut toutefois ajouter les éléments suivants : premièrement, il n'existe aucun exemple de *ye > *yi dans un autre environnement que *$Cye (cfr supra § 3.1.1.2.2.4). Deuxièmement, e < *eye pouvait, bien entendu, être long, au moins dans un premier temps ; il convient donc de placer la disparition de ces *y intervocaliques et les contractions consécutives après *ē > i (cfr supra § 3.1.1.2.2.5).

[432] MELCHERT (à paraître), point 1.

[433] Cfr OETTINGER 1995a et infra § 3.3.3.2.1.3.

[434] L'explication de kaweś à partir de *kawed+s (MELCHERT (à paraître), point 1) est, à nos yeux, aussi suspecte que celle qui dérive la 2ème sg. présent-futur en °es de *°eds < *°ede/isi (< *°eyesi) (cfr supra dans le même paragraphe).

[435] Nous préférons lui attribuer le sens de « inscription », ou, peut-être mieux, de « σῆμα » (BARNETT 1969, p. 22, suivi par LWErg, p. 87, HEUBECK 1983, pp. 65-66,...). La proposition « injunction, instruction » de H. C. Melchert (MELCHERT (à paraître), point 1) ne tient pas compte du fait que sadmē- désigne un sceau en LW 74 (eś sadmēś : mitratalis « ce s. [est celui] de Mitrata- »).

[436] H. C. Melchert (MELCHERT (à paraître), point 1) propose « ordonner ». Provisoirement, nous préférons le sens de « interdire (?) » qui s'accommode mieux, selon nous, avec aλidad « changement (?) » (cfr aλa- « autre »), son complément direct à deux reprises (LW 22₃ et 22₅) (cfr LW, s. v. kaττi-).

3.3.2.2.3 Les fricatives

Un des faits qui caractérisent le mieux le consonantisme lydien (en comparaison avec d'autres langues anatoliennes contemporaines comme le lycien et le milyen) est la disparition de toute trace de « laryngale », du moins à l'initiale (par exemple, comparez lyd. *eśa-* « descendance » avec hitt. *ḫāssa* (*idem*)) et en position post-consonantique (lyd. *aara-* « cour, propriété » avec hitt. et louv. hiér. *arḫa-* « frontière ; région »,...)[437].

Notons aussi que */s/ se palatalise en /ç/ devant */i/ (*es-* (démonstratif) < *esi-*[438]) et */e/ (*serli-* « autorité (suprême) » < *serli-*[439]) et après */i/ (cfr dés. du nom. animé singulier -*s* après thèmes en -*i-*[440]).

3.3.2.2.4 Les affriquées

Comme nous avons eu l'occasion de le souligner précédemment[441], la fricative *[ts] existait déjà en a. c., mais il ne s'agissait que d'une variante combinatoire de */t/ devant */y/. En lydien, avec la disparition de cet élément conditionnant, on peut véritablement parler d'un phonème /ts/ (/tç/ ?) (par exemple, le suffixe formant des adjectifs à partir de noms -*τα-* < *-tsyo-* < *-tyo-*[442]).

3.3.3 Conclusion : les consonnes lydiennes et leur provenance

3.3.3.1 *Les consonnes lydiennes*

occlusives	bilabiale	/p/
	dentale	/t/
	vélaire	/k/

---

[437] H. C. Melchert (MELCHERT (à paraître), point 2) a dernièrement émis une idée intéressante au sujet du suffixe -*oka-*, qui semble former des abstraits (cfr *saroka-* « protection », par rapport à *sarĕta-* « protecteur », *kaτare-* (< *kat-sare-*) « protéger ») : il serait lié étymologiquement aux suffixes abstraits louv. -*ah-it-* (cfr louv. cun. *adduwalāḫit-* « mal ») et hitt. -*ātar* (< *-eh₂-* + *-tṛ*; cfr *alwanzatar-* « ensorcellement »). -*oka-* pourrait donc provenir de *-*aHV-* < *-eh₂V-* (avec thématisation secondaire). Il convient cependant de souligner avec l'auteur les difficultés qu'entraîne cette étymologie : outre le sort aberrant de *h₂ par rapport aux cas de disparition en d'autres positions, l'origine du *o* de -*oka-* surprend (cfr *supra* § 3.1.1.3.2.4).

[438] Cfr *infra* § 3.3.3.2.3.3.

[439] Cfr *infra* § 3.3.3.2.3.3.

[440] Cfr *infra* § 3.3.3.2.3.3.

[441] Cfr § 3.3.2.1.3.1.

[442] Cfr *infra* § 3.3.3.2.4.1.

sonantes	semi-voyelle bilabiale		/w/
	liquides	latérale	/l/
		latérale palatale	/ʎ/
		vibrante	/r/
		nasale bilabiale	/m/
		nasale dentale	/n/
		nasale affaiblie (?)	/ⁿ/

fricatives sifflantes	palatale sourde	/ç/
	alvéolaire sourde	/s/
	labio-dentale sourde	/f/
	interdentale sonore	/ð/

affriquées	dentales	/dz/[443]
	palatales	/tç/ (?)

3.3.3.2   Provenances des consonnes lydiennes[444]

3.3.3.2.1   Occlusives

3.3.3.2.1.1   /p/

< */p/ : bid- « donner » < *piyo- (cfr louv. cun. pīya- (même sens), lyc. pije- (même sens), hitt. piyanzi (« ils donnent », 3ème pers. plur. actif de pāi)…).

< */b/ : bi- « il » < (aphérèse) *obí- (apā- en hitt. et en louv. cun., (a)pa- en louv. hiér., ebe- en lyc.,…)[445].

3.3.3.2.1.2   /t/

< */t/ : kat- « en bas » < *kata (cfr hitt. katta, louv. hiér. kata, grec κατά, …).

< */d/ / #_ : taada- « père » < dáda- (louv. cun. tāta/i-, louv. hiér. tata/i-, lyc. tedi-).

< */d/ / *n_ : ēt- (préverbe) « à l'intérieur » < *éndo (cfr hitt. anda (idem), louv. cun. ānda (idem), louv. hiér. a(n)ta (idem),…).

---

[443] A moins que /z/ ?

[444] Les étymologies qui sont exposées dans ce paragraphe sont majoritairement tirées de MELCHERT 1994a, pp. 329-342 ; sauf en cas de désaccord de notre part, nous y renvoyons pour d'autres illustrations et pour les références aux sources qu'il cite.

[445] Cfr infra § 4.2.2.1.1.2.

3.3.3.2.1.3 /k/[446]

< */k/ : kan- (préverbe) < *kom-[447] (cfr lat. co(n)-...).

< * /k^w/ / _*u : kud(-) « où » < a. c. *k^{w}udV < p.-i.-e. *k^{w}ud^{h}V (cfr skt kúha « où », russe kudá « où »,...).

< * /k^w/ / _*o : -kod (particule de généralisation) < *k^{w}od (cfr pal. -kwad).

< */k^w/ / _# : -k (part. coordinatrice et généralisante) < *-k^{w}e (cfr lat. -que, grec τε...).

< */k^w/ / _C : kλida- « terre » < *k^{w}lēy-o- (cfr hitt. $^{A-ŠA(.ḤI.A)}$kulēi « champs inoccupés » ou « champs défrichés » < *k^{w}léy, thème en -i- collectif « hystérodynamique », supposant une base dérivationnelle *k^{w}elo- > lyd. qela- « terrain »)[448].

3.3.3.2.2 Sonantes

3.3.3.2.2.1 /w/

< */w/ : -wv (dés. 1ère pers. plur. présent-futur (ou prétérit ?) < *-weni (ou *-wen ?) (cfr hitt. -weni ou -wen)[449].

< */g^w/ : saw- « voir » vel sim. < a. c. *seg^w- (< p.-i.-e. *sek^w-) (cfr hitt. sakwa « yeux », gotique saiƕan, lat. sequor,...).

< */u/ / #_ : wśta- « vivant » < *Hus-tó- (racine *h$_2$wes- apparaissant dans hitt. ḫwiswant- « vivant »).

3.3.3.2.2.2 /l/

< */l/ : qela- « terrain, sol » < *k^{w}élo- (racine p.-i.-e. k^{w}el(h$_1$)- attestée dans lat. colere,...).

3.3.3.2.2.3 /λ/

< */l/ / _*y, aλa- « autre » < *alyó- (cfr lat. alius)[450].

< */l/ / _*i (?) : dat.-loc. sing. -λ < *-li (cfr lyc. ebeli « ici » et teli « où »)[451].

3.3.3.2.2.4 /n/

< */n/ : kãna- « femme » < *g^{w}onā- (cfr louv. wānā- (même sens), grec γυνή, anglais queen,...).

< */nn/ : ēna- « mère » < *anna- (cfr hitt. anna- (idem), louv. cun. ānna/i- (idem),

---

[446] Les exemples fournis par MELCHERT 1994a, pp. 331-332, pour illustrer lyd. /k/ < */k/ et */g̃/ nous paraissent discutables. Cette évolution semble toutefois concevable : cfr supra § 3.3.2.2.1.2.

[447] Cfr infra § 4.3.3.

[448] Cfr GÉRARD (à paraître), note 17, pour plus de détails. Cfr OETTINGER 1995a, pp. 212-216 (principalement), au sujet de hitt. $^{A-ŠA(.ḤI.A)}$kulēi. Rappelons que MELCHERT 1994b, p. 184, rapproche kλida- de γλία« colle » < *gliyeh$_2$-.

[449] Cfr infra § 4.3.1.3.1.

[450] Cfr infra § 4.2.2.5.3.

[451] Cfr infra § 4.1.1.1.4. Si kλida- provient de *k^{w}lēy-o-, *l > λ / _i aussi lorsque i < *ē (cfr supra 3.1.1.3.2.1) !

lyc. *ēne/i-* (*idem*),…).

3.3.3.2.2.5 /ⁿ/

< */n/ / _#: -wv (dés. 1ère pers. plur. présent-futur (ou prétérit ?) < *-wen* < (apocope) *-weni* (ou *-wen* ?) (cfr hitt. -weni et -wen).

3.3.3.2.2.6 /m/

< */m/ : *amu* (pron. pers. 1ère pers. sing.) < *emú* (cfr lyc. *ē/a/emu*, louv. hiér. *amu*)[452].

< */mm/ : *ēmi-* « mon » < *ammi-* (cfr lyc. *ēmi-*, louv. hiér. (*a*)*mi-* (même sens),…)[453].

3.3.3.2.2.7 /r/

< */r/ : *serli-* « (autorité) suprême » < *sér-li-* (adj. construit sur la prép. *séri* ; cfr hitt. *sēr*, louv. cun. *sarri*, lyc. *hri*…).

3.3.3.2.3 Fricatives

3.3.3.2.3.1 /f/

< */p/[454] : préverbe *fa-* < *pe-* (cfr hitt. *pe-*,…).

< */w/ / *s_ : *śfarwa-* « votum » < *swórwo-* (même racine *swer-* que dans gotique *swaran* « jurer »).

3.3.3.2.3.2 /s/

< */s/ : *śfa-* dans *śfa-to-* « propriétaire (?), parent (?) », *fa-śfēn-* « posséder »,… < *swo-* (cfr skt *sva-* « son »,…).

3.3.3.2.3.3 /ç/

< */s/ / _*e : *serli-* « (autorité) suprême » < *sér-li-* (adj. construit sur la prép. *séri*, cfr hitt. *sēr*, louv. cun. *sarri*, lyc. *hri*…).

< */s/ / _*i : *es-* (démonstratif) < *ési-* (cfr hitt. *asi* « celui, celle,… dont il est question »)[455].

< */s/ / *i_ : -s (dés. du nom. animé sing. des thèmes en -*i*-) < *-s[456].

3.3.3.2.3.4 /ð/

< */d/ / _# : -ad (pronom encl. inanimé 3ème pers. du sing.) < *-od (cfr hitt. et pal. -at)[457].

< */d/ / #…_…# : *kud(-)* « où » < a. c. *kʷudV* < p.-i.-e. *kʷudʰV* (cfr skt *kúha*

---

[452] Cfr *infra* § 4.2.2.1.1.1.
[453] Cfr *infra* § 4.2.2.2.2.
[454] Conditions de ce changement encore obscures : cfr *supra* § 3.3.2.2.1.1.1.1 + note 381.
[455] Cfr *infra* § 4.2.2.3.1.
[456] Cfr *infra* § 4.1.1.1.1.
[457] Cfr *infra* § 4.2.2.1.2.1.

« où », russe *kudá* « où »,…).

< *$/y/$ / $V_1\_V_2$ (où $V_2 \neq$ *e) (?) : *-da-* suffixe dénominatif[458] visible dans *śfēn-da-* « propriété, bien » (cfr *śfēn(i)-* au plur. « parents » au sens de *suī* lat.[459]) < *-*iyo-*[460].

< *$/y/$ / #_ (?) : *dēt-* « bien (mobilier ?) » < *-*yont-* < p.-i.-e. *h_1yont-* « marchant » (cfr hitt. *yant-* « mouton » = « un animal qui marche » (cfr grec προβατον)).

3.3.3.2.4 Affriquées

3.3.3.2.4.1 /tç/ (?)[461]

< *[ts] (*/t/ / _*y) : suffixe adjectival dénominatif *-τa-* (comme, par exemple, dans *arm-τa-* « d'Arma (divinité) ») < *-*tyo-* ([*tsyo*])[462].

3.3.3.2.4.2 /dz/[463]

< */d/ / _*i : *ciw-* « dieu » < **diw-*[464] (cfr hitt. *siu(ni)-*, skt *Dyāus* (nom. sing.), grec Ζεύς (nom. sing.), …).

< */d/ / _*u : *(da)-cuwe-* « placer, consacrer » < **duwe-* (cfr louvite hiér. *tuwa-* « placer, mettre », louv. cun. *duwa-* (*idem*) et lyc. *tuwe-* (*idem*)).

3.3.4 Phénomènes phonétiques particuliers

3.3.4.1 *Assimilations*

3.3.4.1.1 Assimilations en contact

3.3.4.1.1.1 *Assimilations régressives*

Les exemples sont nombreux : il faut tout d'abord citer *lefś* (qui alterne avec *lewś*) où [w] a pris les traits sourd et fricatif de [s]. Nous pouvons ensuite mettre en exergue le démonstratif au nominatif animé singulier *eśś* < **es-ś*[465] : la sifflante palatale terminant le thème est devenue dentale au contact de [s] suivant (désinence du nominatif animé singulier). Il convient ensuite de remarquer que, dans certaines formes nominales, les

---

[458] Cfr MELCHERT 1994b, pp. 184-185. Selon le même auteur (*ibidem*), ce suffixe devait originellement former des adjectifs qui ont pu ensuite être substantivés.

[459] Cfr GUSMANI 1975d, p. 167, déjà dans HEUBECK 1963, p. 545.

[460] Cfr *infra* § 4.1.2.7.

[461] Ce phonème provient aussi de *t + *ç : cfr *supra* § 3.3.1.3, au sujet de *kaττadmēś* < **kat-sadmēś* et *fakiτ* < * *fak-it-ś*.

[462] Cfr *infra* § 4.1.2.4.

[463] Ce phonème pourrait aussi provenir de *d + *s : cfr *supra* § 3.3.1.3, au sujet de *uds-* > *wc-*.

[464] *Contra* VAN BROCK 1968, p. 120, nous pensons que ce substantif repose sur le degré Ø **diw-* (cfr notamment MELCHERT 1994a, p. 334). L'anthroponyme *Tiwda-* (cfr *tiwdalis*, nom. animé sing. de l'adjectif d'appartenance *tiwda-li-*, en LW 5_1 et 16_1), qui doit être rapproché du louv. *Tiwat-* (dieu Soleil) < **diwot-* (*LW*, p. 213), pourrait être emprunté à une langue louvique (CARRUBA 1961, p. 403 ; STARKE 1990, p. 150).

[465] Cfr *infra* § 4.2.2.3.1.

consonnes *s, ś* et *n* deviennent *l* devant la désinence du dat.-loc. singulier -λ (assimilation partielle)[466] : *ibśimlλ* (< **ibśimsλ* ; le thème est *ibśimsi-* « d'Éphèse »), *niwiślλ* (< **niwiśśλ* ; thème *niwiśśi-* « mauvais, délictueux » (?)), *mλimlλ* (< **mλimnλ* ; thème *mλimna-* (sens obscur)). Ajoutons encore deux cas d'assimilation totale devant *l* : *bill* « il a donné » < **bidl* (thème *bid-* « donner »)[467] et *selli-* « autorité suprême », à côté de la forme régulière *serli-*[468]. De cette série d'exemples, il appert que les latérales devaient exercer une forte influence sur les consonnes précédentes.

3.3.4.1.1.2 *Assimilations progressives*

Le phénomène est moins bien représenté : on le rencontre dans le passage de l'a. c. **sw* au lydien *śf*[469] : par exemple, *śfarwa-* « serment » *vel sim.* < **sworwo-* ([w] a pris les traits sourd et fricatif de [s] qu'il suivait) ; nous pourrions encore citer la racine **swo-* « son propre » que l'on rencontre dans de multiples formes lydiennes comme *śfēn(i)-* « parent » (cfr latin *suī*), *fa-śfēn-* « posséder »...

3.3.4.1.2   Assimilations à distance

Certains savants rapprochent *fisfid* de *wiświd*[470] qui doit être un indéfini[471]. V. Shevoroshkin fournit, à notre avis, une étymologie correcte[472] : *wiświd* < **k^wisk^wid*. L'auteur n'explique pas la forme de manière détaillée. Selon nous, il faut supposer tout d'abord, que la forme telle quelle a été lexicalisée. Comme nous l'avons souligné précédemment, la labio-vélaire à l'intérieur du mot a dû, en a. c., devenir sonore, puis, en lydien, passer à /w/[473]. Nous reconstruisons donc une forme pré-lydienne **k^wiswid*. Celle-ci serait devenue *wiświd* par assimilation (totale) régressive à distance. La forme *fisfid* s'explique par le même phénomène : après le passage de [w] à [f] après la sifflante (assimilation progressive de contact : traits fricatif et sourd empruntés à [f] par [w][474]), il y aurait eu une autre assimilation régressive totale : **wisfid* > **fisfid*.

3.3.4.1.3   Assimilations réciproques totales

Le corpus lydien nous fournit quelques bons exemples de ce phénomène : tous font intervenir le préverbe *kat-* (= hitt. *katta,…*) ; lorsque l'occlusive dentale finale de celui-ci rencontre la sifflante palatale du mot avec lequel il entre en composition, il se produit un groupe de géminées $\tau\tau$: par exemple, **kat-sadmē-* > **ka$\tau\tau$admē-* (cfr *sadmē-*

---

[466] Cfr *LW*, p. 35.

[467] Cfr *LW*, p. 79.

[468] Cfr *LW*, p. 194.

[469] Cfr *supra* § 3.3.2.2.2.3.

[470] BUCKLER 1924, p. 64 ; BRANDENSTEIN 1931, p. 35 ; MERIGGI 1935, p. 82 ; *LW*, p. 127 et 226 ; SHEVOROSHKIN 1978, p. 236.

[471] Cette analyse est donnée par ces mêmes auteurs, à l'exception de W. H. Buckler.

[472] SHEVOROSHKIN 1978, p. 236.

[473] Cfr *supra* §§ 3.3.2.1.3.1 et 3.3.2.2.1.

[474] Cfr *supra* § 3.3.4.1.1.2.

« σῆμα »)[475], *kat-si- > kaττι- « interdire (?) » (cfr verbe fa-si- (sens obscur))[476]. Si nous voulions être complet dans la présentation de ce phénomène, nous dirions que l'occlusive dentale est devenue affriquée sous l'influence de la sifflante suivante, et que la sifflante est devenue affriquée en raison de l'occlusive précédente. Précisons encore que le groupe de géminées ainsi formé est susceptible ensuite de subir une simplification (ainsi kaτare- « protèger (?) » < *kaττare- < *kat-śare-[477]).

3.3.4.2   Dissimilations

3.3.4.2.1   Dissimilations en contact

Le seul exemple que nous connaissons est le démonstratif es- qui se présente au nom.-acc. inanimé sing. sous la forme est. Cette forme doit provenir de *es-d : la fricative [ð] est devenue une occlusive dentale par dissimilation par rapport à la sifflante précédente[478].

3.3.4.2.2   Dissimilations à distance

C'est peut-être en raison de ce phénomène que ararm- « soi-même »[479] alterne dans le corpus lydien avec alarm-[480].

3.3.4.3   Disparitions de consonnes

Dans ce dernier point, nous porterons l'attention sur quelques phénomènes de sandhi bien attestés : lorsque les consonnes d, ś, v et t terminent un mot auquel est adjoint la conjonction coordinatrice enclitique -k, celles-ci disparaissent (ainsi, śfardak < *śfardav-k, artimuk < *artimuś-k, esk < *est-k, qelak < *qelad-k). Il faut ajouter que v final tombe aussi lorsque sont ajoutées les particules enclitiques -ś (par exemple, brwãś < brwãv (dat.-loc.gén. plur. de brwa- « année ») + -ś)[481] ou -m (ainsi, nãm < nãv + -m)[482].

3.3.4.4   Épenthèses

La forme qaλmλu-, à côté de qaλmu-, pourrait être interprétée comme un cas d'épenthèse : la latérale palatale λ aurait influencé le m suivant, d'où [m'] ; un second λ épenthétique pourrait s'être développé dans la séquence [m'u]. Le phénomène est bien attesté dans les langues slaves où les séquences labiales + yod ont vu le développemement

---

[475] Cfr GUSMANI 1961a, pp. 185-186.

[476] Cfr GUSMANI 1960a, p. 295 note 74 ; CARRUBA 1959, p. 31 ; HAAS 1962, p. 200.

[477] Cfr infra § 4.3.2.4.4.

[478] DANIELSSON 1917, p. 11 ; KAHLE, SOMMER 1927, p. 40.

[479] La forme ararm- est à coup sûr la forme de départ : voir le redoublement de ar- dans le thème, ce même ar- que l'on retrouve dans arlili- « à soi, propre », arwo- « s'approprier (?) »…

[480] Cfr LW, p. 60.

[481] Cfr MELCHERT 1991, p. 132.

[482] Cfr CARRUBA 1959, p. 38 ; LW, p. 170.

de [l'] épenthétique, comme le montrent v. sl. *kupljǫ* « j'achète » (inf. *kupiti*), *ljubljǫ* « j'aime » (inf. *ljubiti*),…

4 Morphologie

4.1 *Morphologie nominale*

La flexion des noms lydiens connaît deux genres, l'animé et l'inanimé ; en ce qui concerne le nombre, le singulier et le pluriel sont attestés ; trois cas sont actuellement reconnus : le nominatif, l'accusatif et le datif-locatif (datif-locatif-génitif au pluriel).

4.1.1 Morphologie flexionnelle

4.1.1.1 *Le singulier*

Notons que l'animé et l'inanimé possèdent la même désinence au datif-locatif ; ils ne diffèrent par conséquent qu'au nominatif et à l'accusatif.

4.1.1.1.1 Le nominatif animé

La désinence est normalement *-ś*. Par exemple, *wãna-ś* (*wãna-* « chambre funéraire »), *kawe-ś* (*kawe-* « prêtre »), *sadmē-ś* (*sadmē-* « σῆμα »), *isko-ś* (*isko-* « tout »), *artimu-ś* (*artimu-*, nom de divinité), *lew-ś* (*lew-,* nom de divinité),… Elle se présente sous la forme *-s* lorsqu'elle s'ajoute à des thèmes en *-i-*. Ainsi, *serli-s* (*serli-* « autorité »), *maneli-s* (*maneli-* « de Manés (idionyme) »),…

L'origine p.-i.-e. *-s* de cette désinence ne fait aucune difficulté. Excepté en lycien où *-s* s'est amuï, on la retrouve dans toutes les langues anatoliennes : hitt. *antuḫsas* « homme », pal. *tabarnas* « souverain », louv. cun. *issaris* « main », louv. hiér. *tatis* « père », mais lyc. *tideimi* « enfant ».

4.1.1.1.2 L'accusatif animé

Il est marqué par la désinence *-v* : *wãna-v* (*wãna-* « chambre funéraire »), *artimu-v* (*artimu-*, nom de divinité), *tawśē-v* (*tawśa-* « grand, puissant »),… Ajoutons que l'accusatif peut apparaître quelquefois sous la forme *-n*. Les conditions de ce changement ne sont pas encore élucidées ; on remarque toutefois qu'il peut survenir après les consonnes *c* (*tac-n* (*tac-* « offrande »), à côté de *tac-v*) et *t* (*dēt-n* (*dēt-* « bien, fortune »)).

L'origine de *-v* est évidemment p.-i.-e. *-m*. On le retrouve sous la forme *-n* dans toutes les langues anatoliennes, à l'exception du lycien où elle s'est amuïe en nasalisant éventuellement la voyelle finale du thème : ainsi on a hitt. *antuḫsan* « homme », pal. *tabarnan* « souverain », louv. cun. *issarin* « main », louv. hiér. *tatin* « père », mais lyc. *tideimi* « enfant », *ladã* « femme ».

4.1.1.1.3   Le nominatif-accusatif inanimé

La désinence est *-d* : ainsi *mru-d* (*mru-* « chambre funéraire »), *qela-d* (*qela-* « terrain, terre »), *maneli-d* (*maneli-* « de Maneś (idionyme) »),...

Ce *-d* est assez surprenant puisqu'il ne représente aucune des désinences auxquelles on se serait attendu, à savoir **-v* < p.-i.-e. *-m* (comme, par exemple, dans hitt. *pedan* « lieu ») ou **-ø* (ainsi hitt. *assu* « bon », *uttar* « chose, parole »). Il faut considérer *-d* comme un emprunt à la déclinaison pronominale (cfr les relatifs lyd *qid*, hitt. *kwid*, lat. *quod*,...).

4.1.1.1.4   Le datif-locatif

Ce cas est formé grâce à la désinence *-λ*. Par exemple, *mru-λ* « dans la chambre funéraire », *borl-λ* « dans l'année », *artimu-λ* « pour Artemis »,... Notons aussi la forme inexpliquée en *-l* : *qλdãn-l* « pour Q. (nom de divinité) » en LW 23₁[483].

L'origine de cette désinence n'est pas assurée : elle pourrait provenir de a. c. *-li*, qui survit dans les pronoms locatifs lyciens *ebeli* « ici » et *teli* « où »[484].

4.1.1.2   *Le pluriel*

4.1.1.2.1   Le nominatif animé

Deux noms au moins semblent être concernés[485] : *śfẽnis* (*śfẽni-* « parent (?) ») et

---

[483] Il convient de faire deux remarques : premièrement, il existe peut-être une autre attestation de cette forme en LW 62₆ *qaλdãḷ* : cfr *LWErg*, pp. 81-82. Deuxièmement, [-]*aλidẽnl* en LW 43₆ pourrait aussi être un datif-loc. en *-l*, comme le propose *LW*, p. 57, mais il est difficile de se prononcer davantage (SCHÜRR 1999, p. 165, affirme l'équivalence *qλdãnl* = *qaλdãḷ* = [*q*]*alidẽnl* (sic !)). Troisièmement, on a longtemps suspecté le troisième mot de la bilingue LW 40, *χacχil* (la lecture est fort controversée : cfr SCHÜRR 1999, p. 164), d'être un datif-locatif en *-l* correspondant à Αθηναίηι de la partie grecque. SCHÜRR 1999, pp. 165-168, a dernièrement plaidé en faveur d'une lecture *fac?l* ou *fac?il* et interprété ce mot comme un prétérit (cfr *supra* note 327).

[484] SCHMIDT 1968, p. 236-237 ; MELCHERT 1994a, p. 342. Une solution alternative souvent avancée, et que nous ne pouvons repousser définitivement, consiste à mettre en rapport *-λ* et le génitif singulier des pronoms hitt. en *-ēl* : nos connaissances actuelles (cfr *supra* § 3.3.2.2.2.2) semblent autoriser lyd. *λ* < **l* / *ē* (> *i*)_ . Nous rejetons la proposition d'OETTINGER 1978, pp. 78-79 et 86, qui fait remonter la désinence au pronom encl. *-du* (cfr louvite et palaïte *-du* « ihm ») < *-tu*, étant donné qu'aucun autre exemple ne montre *d* > lyd. *λ*

[485] Sur ce point difficile, cfr HEUBECK 1963, (notamment) pp. 541-543. Nous estimons cependant que rien ne nous oblige à considérer comme nom. plur. *wiś(ś)is* (*wiś(ś)i-* « bon, pieux » (?) (cfr *LWErg*, p. 108) ou « dieu (?) » (HEUBECK 1963, p. 543)).

siwraλmis (*siwraλmi-* « prêtre »[486] *vel sim.*[487]). Le fait que ces noms soient accompagnés de formes « sans finale » constitue un élément essentiel pour s'en assurer : voir *bil śfēnis* « ses parents » (litt. « les siens de lui ») en LW 24_{16} et *siwraλmis artimul* « les *s.* d'Artémis » en LW 22_9, LW 22_{11} et LW 22_{12}[488].

Nous considérons le *i* de la finale °*is* comme une « *i*-Mutation »[489] : cfr le dat.-loc.-gén. pluriel *śfēnav*, où le *i* n'apparaît pas. La désinence à proprement parler serait donc *-s*. A. Heubeck[490] a, de manière correcte, opéré un rapprochement entre lyd. *-is* et les formes du nom. plur. en milyen et en louvite, respectivement *-iz* et *-inzi*[491]. Ces désinences semblent tirer leur origine d'une extension analogique de l'accusatif plur. *-ns* (< *-ms*)[492]. Le louvite aurait cependant ajouté à la fin un élément *i*, d'origine encore obscure[493]. La désinence lyd. *-s* pourrait provenir d'une proto-forme aussi bien de type louvite (*-ns-i*) que de type milyen (*-ns*) : en effet, une séquence *ns* donne en lyd. *ś* (cfr *eśa-* « descendance » < a. c. *Honso-*), le caractère palatal de la sifflante pouvant être dû à un *i* qui précède (dans ce cas le *i* final du thème dans *śfēni-*, etc.)[494] ou à un *i* qui suit (dans le cas où la désinence proviendrait de *-nsi*)[495]. Un *non liquet* s'impose donc dans le choix entre *-ns* et *-nsi*[496].

Une étymologie alternative consisterait à faire intervenir une désinence plus archaïque que celles vues en louvite et en milyen : à savoir *-es* (que l'on rencontre aussi en hittite). Il suffit d'imaginer que les thèmes en *i-* qui portent la désinence du nominatif animé pluriel dans nos attestations ne connaissent pas d'apophonie : on aurait donc à l'origine *°i-es,* qui conduirait à *°y-es,* puis, naturellement, à *°y-is*[497] > *°is* [iç].

4.1.1.2.2   L'accusatif animé

De nombreux chercheurs[498] acceptent l'idée que *karolaś* (LW 2_9) (terme qui désigne la partie d'une tombe, mais dont on ne connaît pas la signification exacte) soit un accusatif animé pluriel. Cette analyse nous semble la plus convaincante lorsqu'on examine le passage où la forme apparaît : *... qis-k dctdid ... karolaś śfēndav arwol ...*

---

[486] Cfr *LWErg,* p. 91.

[487] « protecteur (?) » selon HEUBECK 1963, p. 542.

[488] Cfr *infra* § 4.1.1.4.

[489] MELCHERT 1994a, p. 361 (implicitement !). Pour plus de détails sur ce point, cfr *infra* § 4.1.2.5.

[490] Cfr HEUBECK 1965, p. 78.

[491] Il importe de noter que ce savant lisait la désinence louvite *-nzi* [nts] (pour [ntsi] !) et se permettait dès lors de reconstruire, sur base de la comparaison des trois langues, une dés. originelle *-ins*.

[492] Cfr, notamment, V. Pisani *apud* GUSMANI 1960b, p. 502 note 17 ; STARKE 1990, pp. 44-45 ; MELCHERT 1994c, p. 130, etc.

[493] Cfr STARKE 1982, p. 421 ; MELCHERT 1994c, p. 130.

[494] Comme le rappelle CARRUBA 1969a, p. 47 note 9.

[495] Solution que prône MELCHERT 1991, p. 138 note 15,

[496] *Contra* MELCHERT 1991, p. 138 note 15, qui affirme que cette dernière est la seule envisageable si l'on veut expliquer le caractère palatal de la sifflante.

[497] Cfr *supra* § 3.1.1.2.2.4.

[498] Par exemple, CARRUBA 1960, p. 54 ; HEUBECK 1963, p. 547 ; *LW,* p. 145 ; SCHÜRR 1997, p. 202...

(LW 2$_{8-9}$) « ... et qui tente (? *dctdid*) ... de s'appropier (*arwol*) les *k.* (*karolaś*) [comme] bien propre (*śfẽnda-*) ... ». H. C. Melchert[499] refuse cet exemple, y voyant plutôt un datif pluriel *karolav* auquel se serait ajoutée une particule emphatique -*ś* : *karolav* appartiendrait à une construction à « double datif », avec un infinitif (*arwol*)[500]. Selon le savant américain, l'accusatif animé pluriel serait marqué par des finales -*as*, comme l'illustreraient *ãnas* (LW 13$_1$)[501] et *ẽminas* (LW 44$_7$)[502].

H. C. Melchert fait remonter sa désinence -*as* à -*onsi,* ce qui lui permet de penser que le lydien, à l'instar du louvite hiéroglyphique, a étendu à l'accusatif pluriel animé (louv. hiér. -*nzi* < *-*nsi*) la désinence du nominatif pluriel animé (louv. hiér. -*nzi* < *-*nsi*). On perçoit bien l'enjeu pour ce chercheur : cela voudrait dire que le nominatif pluriel animé -*s* en lydien possédait, avant apocope, un *i* final. Prenons maintenant en considération la seule attestation d'accusatif animé pluriel qui, à nos yeux, semble la moins contestable, *karolaś* : quelle que soit l'origine du *a* qui précède la sifflante finale (reliquat de la voyelle thématique *-*o-* ?), il est parfaitement envisageable que -*ś* provienne de *-*ns* < p.-i.-e. *-*ms*[503], désinence de l'accusatif pluriel bien représentée dans les langues anatoliennes (cfr hitt. -*us* dans *antuḫsus* (*antuḫsa-* « homme »), louvite cun. -*nza* [nts] dans *pātanza* (*pāta-* « pied »)...) et indo-européennes (cfr, par exemple, pour la déclinaison thématique, *-*o-ns* > lat. -*ōs*, grec -ους, gotique -*ans*...).

4.1.1.2.3   Le nominatif-accusatif inanimé

Certains noms qui se terminent en -*a* au nominatif et à l'accusatif ont été

---

[499] Cfr MELCHERT 1991, pp. 132-133.

[500] Cfr MELCHERT 1991, p. 133.

[501] Ce terme a été sujet à maintes controverses : il pourrait s'agir d'un nom propre, comme le suggère *LW*, p. 73 (cfr les noms de type *Ava* et *Avva* que l'on retrouve dans le matériel épigraphique grec de nombreuses régions d'Asie Mineure) ; dans ce dernier cas, il convient de le considérer comme un nom. sing., mais il faut alors admettre que la désinence est pour le moins déroutante : -*as* au lieu de -*aś*. Pour MELCHERT 1991, p. 139 (+ note 17), il s'agirait d'un démonstratif provenant de *ono-* « celui-ci » et que l'on peut retrouver en hitt. *ani-siwat* « aujourd'hui ». La forme *ãnas* serait, selon le savant, à l'acc. animé pluriel (*il-im ãnas iśaś*... = « Isas a fait ces choses pour moi... ») et ferait référence à des éléments architecturaux sur lesquels était placée l'inscription. Il nous semble cependant qu'on attendrait volontiers un (nominatif-accusatif) inanimé dans cette fonction. Encore plus convaincants sont, à notre avis, les arguments de SCHÜRR 1997, p. 202 note 3 : si l'on compare *il-im ãnas iśaś* LW 13$_1$ à *iśaś il alarmś τeśaś* LW 12$_6$, et si l'on prend en compte l'analyse de H. C. Melchert pour LW 13$_1$ (*iśaś* sujet du prétérit *il*, et *ãnas* son complément direct), alors il est difficile de ne pas considérer *τeśaś* en LW 13$_1$ comme un acc. pluriel, complément direct de *il*, sur le même pied que *ãnas* en LW 13$_1$.

[502] Ce mot doit, à n'en pas douter, être rattaché au pronom possessif de la première personne du singulier *ẽmi-* « meus » ; ce dernier présente au datif pluriel une forme « allongée » *ẽminav*, ce qui nous inviterait à prendre *ẽminas* comme un pluriel (BOSSERT 1944, p. 124 ; CARRUBA 1960, p. 53 ; MELCHERT 1991, p. 139). Le contexte est malheureusement lacunaire et ne permet donc aucune enquête syntaxique pour déterminer le cas de cette forme.

[503] Voir le § précédent.

interprétés comme des inanimés pluriels par O. Carruba[504] : il s'agit des noms[505] *anlola* (« stèle funéraire » ; vraisemblablement *plurale tantum*[506]), *laqrisa* (terme désignant une partie de l'ensemble funéraire[507]), *mλola* (« partie », *vel sim.*[508]), *labta* (sens peu clair[509]). Cette analyse, largement partagée aujourd'hui[510], va de pair avec l'abandon de l'hypothèse de P. Meriggi[511] sur l'existence de féminins en lydien dont le nominatif sing. se terminerait en *-a*[512].

S'il s'agit bien de nominatifs pluriels inanimés, il faut voir dans ce *-a* le prolongement de a. c. *$*-\bar{a}$ < p.-i.-e. $*-eh_2$[513] dont on peut retrouver l'existence dans les autres langues anatoliennes (par exemple, hitt. *ḫumanta* de *ḫumant-* « tout », louv. cun. *sapidduwa* de *sapidduwa-* (?), lyc. *arawaziya* de *a/erawaziye-* « monument » *vel sim.* (*plurale tantum*)...) et, bien entendu, dans les langues indo-européennes (cfr, par exemple, skt *yugá* ; avec désinence $-h_2$, grec ζύγα, lat. *iuga*).

4.1.1.2.4   Le datif-locatif-génitif

Ce cas fut lui aussi mis en lumière par O. Carruba[514], qui, ce faisant, mettait à mal la théorie de P. Meriggi sur l'existence du féminin en lydien[515]. Ce cas est indiqué par *-av* (*ciwav*, de *ciw-* « dieu »), *-ãv* (par exemple, *awλãv*) et *-ẽv* (par exemple, *aλẽv*, de *aλa-* « autre »)[516]. Notons encore l'usage obscur de *-n* dans certains cas : *katof-n* (« inscription, document, décret ») et *isko-n* (*isko-* « tout »).

Nous nous permettons d'insister sur le fait que, contrairement au singulier, le datif-locatif pluriel semble aussi à quelques reprises montrer la fonction du génitif (c'est le cas de *śfarda(v)*[517], de *istaminlav*[518] et de *ibśimvav*[519]). On pourrait bien entendu penser à des datifs d'attribution, mais, en raison de l'origine de la désinence du datif-locatif (elle

---

[504] Cfr CARRUBA 1959, pp. 16-17.

[505] Il nous semble déraisonnable d'y inclure [...]*ra* (LW 2₁₂).

[506] Cfr *LW*, p. 59.

[507] Cfr discussion à ce sujet dans *LW*, p. 159.

[508] Cfr *LW*, p. 166.

[509] Cfr *LW*, p. 157.

[510] Cfr HEUBECK 1969, pp. 406-407 ; MELCHERT 1994a, p. 347 ; avec une certaine réticence, *LWErg*, 166.

[511] Cfr MERIGGI 1935, (notamment) pp. 94-95.

[512] Pour un bon résumé de la polémique autour du féminin, cfr, par exemple, HEUBECK 1969, pp. 405-406.

[513] Cfr MELCHERT 1994c, p. 130.

[514] Cfr CARRUBA 1959, pp. 16-18.

[515] Cfr le paragraphe précédent, où nous avons vu que les formes en *-a* devaient, dans les cas les plus clairs, être considérées comme des nom.-acc. neutres pluriels, et non comme des nom. fém. sing.

[516] Les conditions qui entraînent les différentes colorations de la voyelle précédant la nasale seront rappelées ultérieurement dans ce paragraphe.

[517] Cfr *śfarda(v)-k artimuλ* « à A. des habitants de Sardes » en LW 11₉ (*LW*, pp. 202-203).

[518] Cfr *istaminlav qiraaλ* « dans la propriété de ceux qui appartiennent à la famille » en LW 13₇ (*LW*, pp. 137-138).

[519] *artimuv ibśimvav* « A. (à l'acc.) des Éphésiens » (*LW*, pp. 130-131).

proviendrait du génitif pluriel)[520] et parce qu'il ne semble pas exister de génitifs adjectivaux (comme au singulier), il n'est pas inconcevable que ce cas joue aussi le rôle de véritable génitif[521].

À l'instar de son équivalent au singulier, le datif-locatif pluriel semble tirer son origine du génitif : la désinence p.-i.-e. *-om, que l'on rencontre de manière sûre encore dans le vieux hitt. -an (par exemple, *siunan* « des dieux »), doit avoir donné en lydien -av, lorsque la syllabe était inaccentuée, -*ēv*[522], lorsque la syllabe était accentuée[523] ; -*ãv* pourrait être un témoignage des génitifs des thèmes « féminins » en *-eh$_2$[524] quand la désinence était accentuée (-*ãv* < *-*ắm* < *-*ắ-om* < *-eh$_2$-om*)[525].

4.1.1.3   *Remarques sur les adjectifs de possession et le génitif*

Le lydien utilise un adjectif d'appartenance en -li- en lieu et place du génitif singulier[526]. Il s'agit d'un parallélisme important avec les langues louviques, qui, elles, ont privilégié le suffixe *-asso/i- (> louv. –*assa/i-*, lyc. -*a/ehe/i-*, mil. -*ase/i-*) pour cette fonction.

De manière remarquable, le lydien a conservé pour la fonction du génitif pluriel le cas hérité, -av/-*ēv* < *-om. Pourquoi ce maintien ? Comme le souligne justement R. Gusmani[527], les constructions avec adjectif génitival ne permettent pas d'exprimer le nombre du possesseur. Certaines langues louviques ont également pallié cette ambiguïté de diverses manières : en lycien (à l'instar du lydien), il y a maintien du gén. plur. -*ē* < *-*ŏm* ; en louvite cunéiforme, comme l'a montré H. C. Melchert[528], un élément -*nz*- est inséré entre le suffixe -*assa/i-* et les dés. des dat.-loc. sing. (-*assanzan*) et plur. (-*assanzanz(a)*) et de l'abl.-instr. (-*assanzati*).

4.1.1.4   *Remarques sur les « formes sans finales »*

Ce vocable, consacré par R. Gusmani[529], désigne les formes dépourvues de désinence et de voyelle thématique que peuvent prendre les adjectifs possessifs en -*li*-[530] et le démonstratif es-[531] lorsqu'ils déterminent un substantif au nom.-acc. pluriel inanimé ou au nom. pluriel animé. Exemples pour le genre inanimé : es-k *laqrisa* en LW 7$_1$ « ... et ce *laqrisa* (élément d'une tombe)... » ; [e]s *anlola atraśtal* en LW 54$_1$ « Cette stèle

---

[520] Cfr paragraphe suivant.

[521] Cfr *infra* § 4.1.1.3 pour la problématique du génitif en lydien

[522] Cfr MELCHERT 1994a, p. 347.

[523] Cfr MELCHERT 1994a, p. 348.

[524] Cfr *infra* § 4.1.2.9.

[525] Cfr MELCHERT 1994a, p. 349.

[526] Cfr *infra* § 4.1.2.1.

[527] Cfr *LW*, p. 37.

[528] MELCHERT 2000, pp. 173-179

[529] Cfr *LW*, pp. 44-45.

[530] Cfr *infra* § 4.1.2.1.

[531] Cfr *infra* § 4.2.2.3.1.

funéraire [est] à A. », etc. Pour le genre animé : *bil sfĕnis* en LW 24$_{16}$ « ses parents » ; *siwraλmis artimul* « les *s.*[532] d'Artémis » en LW 22$_9$, LW 22$_{11}$ et LW 22$_{12}$.

Il est malaisé d'expliquer la nature exacte de ces formes controversées. O. Carruba[533] opère une distinction entre les formes en *-l* qui se construisent avec un nom.-acc. inanimé pluriel et celles, avec un nom. animé pluriel : dans le premier cas, il s'agirait d'un nom.-acc. inanimé pluriel (le *-a* final aurait été apocopé) ; dans le second, d'un génitif sing. (lié au gén. pronominal hitt. en *-ēl*). A. Heubeck[534], quant à lui, pense que les formes en *-l* s'accordent tout le temps en genre et en nombre avec le nom qu'elles déterminent : elles sont donc aussi bien au nom.-acc. inanimé plur. qu'au nom. animé plur. R. Gusmani[535] rejette les trois interprétations (nom.-acc. inanimé plur., nom. animé plur. et génitif). Il constate cependant une similarité de fonction entre ces formes et les adjectifs en *-li-*[536] et les fait tous deux venir d'une désinence pronominale apparentée au *-ēl* du hittite[537].

La distinction opérée par O. Carruba entre *-l < *-la* et *-l < *-ēl* n'est pas économique et semble donc peu viable[538]. Il convient de proposer une analyse unique : *a priori*, le plus facile est d'analyser les adjectifs d'appartenance sans finale comme des génitifs singuliers. Sans rejeter l'hypothèse que ces formes en *-l* soient liées aux gén. pronominaux en *-ēl* du hittite[539], nous pensons qu'elles peuvent avoir été créées secondairement par analogie : nous supposons qu'à côté de l'adj. d'appartenance en *-Vsa/i-*[540], il a existé à date préhistorique un gén. sing. *-as (< *-os). Il est dès lors facile d'imaginer l'analogie *-Vsa/i-* : *-as = -Vla/i-* : *X*, d'où *X = -Vl*. Une fois de plus, on pourrait se demander la raison d'être de cette création ou de cette survie, à côté de formations adjectivales qui ont joui d'un énorme succès. Faut-il, comme nous l'avons fait pour le maintien du gén. plur., invoquer l'ambiguïté du nombre inhérente à ces dernières (ex. : **bilis sfĕnis* = « ses parents » ou « leurs parents ») ?

Un sérieux bémol doit être apporté à l'hypothèse du gén. sing. : comme nous l'avons annoncé en début de paragraphe, il existe, à notre connaissance, deux attestations du démonstratif *es-* « sans finale », à savoir [e]s anlola atraśtal « Cette stèle funéraire [est] à A. » en LW 54$_1$ et *es-k laqrisa* « ... et ce *laqrisa* ... » en LW 7$_1$. Comment doit-on

---

[532] *siwraλmi-* désigne vraisemblablement des prêtes.

[533] Cfr CARRUBA 1969, pp. 44-49.

[534] Cfr HEUBECK 1963, p. 545.

[535] Cfr GUSMANI 1972, pp. 51-54.

[536] Il accorde une grande importance à l'inscription sur sceau LW 75 : *siwãmlim atelis*. Il analyse *siwãmlim* en *siwãml* (adjectif possessif « sans finale ») + *-im* (copule « je suis » : cfr *infra* § 4.3.2.1.1) et traduit le texte « [ich] bin des Siwãmś, [des Sohnes] des Ateś ». Il ressort de cette interprétation que *atelis* et *siwãml* ont des fonctions semblables : le chercheur italien n'hésite pas à dire que la forme en *-l* est une variante courte de celle en *-lis*.

[537] Cfr le paragraphe précédent pour son hypothèse sur l'origine des adjectifs d'appartenance.

[538] De plus, au niveau phonétique, on pourrait se demander pourquoi *-a* disparaît dans le cas des adj. d'appartenance, et (habituellement) pas dans les noms (cfr *laqrisa, antola,...*).

[539] Le fait que nous dérivions le dat.-loc. sing. en *-λ* de *-li*, et non de *-ēl* (cfr *supra* § 4.1.1.1.4), nous y autorise.

[540] Cfr *infra* § 4.1.2.3.

analyser ces cas ? Deux attitudes sont possibles : premièrement, on pourrait considérer que l'absence de finale des adj. d'appartenance n'est pas à mettre sur le même pied que celle des démonstratifs. Ces derniers seraient de « véritables » nom.-acc. inanimés plur. -ø < *-a, tandis que les formes en -l seraient apparentées aux gén. sing. pron. en -ēl du hittite. Ce sénario représente une variante de celle d'O. Carruba. L'autre possibilité est d'entrevoir un phénomène unique dans les adj. d'appartenance en -l et les dém. es. Ceci revient à adopter les vues d'A. Heubeck. Mais comment dans ce cas expliquer, au niveau historique, qu'une même désinence -ø soit la marque de l'accord d'un adj. ou d'un dém. avec un nom au nom. plur. animé ou au nom.-acc. plur. inanimé ?

4.1.2 Morphologie dérivationnelle

Comme souvent dans les études lydiennes, nous avançons ici en terrain « miné » : l'analyse interne du corpus permet d'isoler des éléments qui pourraient être des suffixes, mais, fréquemment, la méthode comparative ne parvient pas (ou peu) à les expliquer. Même quand elle y réussit, il est souvent difficile de se prononcer sur leur fonction exacte (synchronique). C'est pour ces raisons que l'examen auquel nous allons procéder n'est pas exhaustif : nous nous en sommes tenu aux suffixes qui nous paraissaient les mieux assurés.

4.1.2.1   *Suffixe* -li-

Ce suffixe est, sans nul doute, le mieux représenté. Il forme des adjectifs à fonction possessive. Il est notamment utilisé dans les adjectifs patronymiques et papponymiques (*ak-ad manelid kumlilid silukalid* « cela appartient à Mane-, fils de Kumli-, petit-fils de Siluka- » (LW 1₃)). Il forme aussi des adjectifs d'appartenance (dans l'exemple ci-dessus, *ak-ad manelid* « cela appartient à Mane- » ; cfr aussi *serlis srmlis* (LW 24₃) « l'autorité du temple », etc.). Notons encore les particularités suivantes : premièrement, ce suffixe semble être aussi employé pour la dérivation de noms à partir de prépositions (voir *serli-* « autorité » *vel sim.*, qui doit être la substantivation d'un adjectif *serli-* « haut, supérieur » *vel sim.* formé de **ser* « au-dessus » et de -li-). Deuxièmement, il faut également constater son utilisation dans *bili-* « suus », dérivé du pronom *bi-*.

La comparaison avec les autres langues anatoliennes permet d'établir un rapport entre -li- (où -i- est une « i-Mutation »[541]) et les suffixes hitt. -al(l)a- (cfr *attalla-* « paternel » formé sur *atta-* « père »), louv. -alla/i- (*tatalla/i-* « paternel », sur *tata/i-* « père »),...[542]

4.1.2.2   *Suffixe* -mv-

Il nous semble que la meilleure analyse à donner à *artimuv ibśimvav kulumva(v)-k* est « A. (accusatif) des Éphésiens et des habitants de Koloë », en voyant dans *ibśimvav* et *kulumva(v)* deux noms ethniques au (dat.-loc.-)gén. pluriel. C'est notamment

---

[541] Cfr MELCHERT 1991, p. 133. Sur la « i-Mutation », cfr infra § 4.1.2.5.
[542] VAN BROCK 1962.

l'interprétation donnée par O. Carruba[543]. Le savant italien a de plus fourni l'étymologie la plus vraisemblable de la séquence *-mv-* en la rapprochant du suffixe ethnique hittite *-uma(n)-*[544] (cfr ^{URU}*Luiumna-* « Louvite », ^{URU}*Hattusumna-* « un habitant de Hattusa...*) ; il aurait pu ajouter[545] le suffixe ethnique *-(u)man* (par exemple, *Liḫšuman*, « de *Liḫšu* ») que l'on rencontre dans l'anthroponymie anatolienne des tablettes « cappadociennes » vieil-assyriennes.

4.1.2.3 Suffixe -si-

O. Carruba analyse correctement, à notre avis, *ibśimsis* et *kulumsis* (cfr, par exemple, *artimuś ibśimsis artimu(ś)-k kulumsis*, LW 1$_{6-7}$) comme des adjectifs ethniques ; ils comporteraient les suffixes *-mv-*[546] et *-si-* : ce dernier, selon le savant italien, marquerait l'appartenance. V. Shevoroshkin[547] le relie explicitement aux suffixes possessifs louvite (*-assa/i-*), lycien (*-a/ehe/i-*) et milyen (*-a/ese/i-*). L'ensemble formé par les deux suffixes aurait donc subi l'évolution **-mva-si-* > (via une syncope[548]) **-mvsi-* > (instabilité de la nasale devant la sifflante[549]) **-msi-*, ce qui semble concevable.

Le suffixe *-si-* a été reconnu dans d'autres termes qui sont, malheureusement, peu clairs : *mλwẽ-si-*[550] et *brafr-si-*[551].

Ajoutons enfin que la sifflante du suffixe semble s'assimiler partiellement à la désinence *-λ* du dat.-loc. singulier (cfr, par exemple, *artimuλ ibśimlλ* « pour A. éphésienne » en LW 54$_6$, où *ibśimlλ < *ibśimsλ*)[552].

4.1.2.4 Suffixe -τα-

Le mérite d'avoir reconnu en *-τα-* (comme dans *mida-τα-*, *arm-τα-*...) le prolongement du suffixe proto-indo-européen **-tyo-* revient à V. Shevoroshkin[553]. Ce suffixe apparaît dans les autres langues anatoliennes où il permet notamment d'obtenir des adjectifs à partir de prépositions locatives (cfr lyc. *hrzzi-*, hitt. *sarazzi-* « supérieur » ~ lyc. *hri*, hitt. *sēr, sarā* « au-dessus »)[554]. En lydien, il dérive des noms propres en adjectifs :

---

[543] Cfr CARRUBA 1959, p. 18.

[544] Cfr CARRUBA 1959, p. 18 note 7.

[545] Cfr notamment *LW*, p. 131.

[546] Cfr le § ci-dessus.

[547] Cfr SHEVOROSHKIN 1967, p. 31.

[548] Cfr *supra* § 3.1.3.1.1.

[549] Cfr *supra* § 3.3.2.2.2.1.

[550] Probablement lié à *mλwẽnda-* (*mλwẽn-da-* ?), qui est lui-même peut-être apparenté à *mλola-* « partie » *vel sim.* (*LW*, pp. 166-167).

[551] Vraisemblablement dérivé de *brafra-* (cfr *brafrav*, LW 47$_2$), de signification inconnue (*LW*, p. 85).

[552] Cfr *supra* § 3.3.4.1.1.1.

[553] Cfr SHEVOROSHKIN 1967, p. 43. Voir aussi GUSMANI 1969, p. 139.

[554] Il est intéressant à cet égard de comparer avec le sanskrit où *-tya-* permet d'obtenir des noms à partir d'adverbes et de prépositions : par exemple, *amā́-tya-* « compagnon » ~ *amā́* « à la maison » (cfr MACDONELL 1986, p. 164).

ainsi, *mida-τa-* « de Mida- », *arm-τa-* « d'Arma- (nom d'une divinité) »[555], fonction que R. Gusmani n'hésite pas à comparer avec celle du suffixe lycien *-zi-,* communément appelé « ethnique » (cfr *atãnazi-* « d'Athènes »...)[556]. Selon H. C. Melchert, ce suffixe peut s'appliquer aussi aux noms communs, comme l'indiquerait *wãn-τa-* « (quelque chose) de la chambre funéraire (*wãna-*) »[557]. Cela est d'autant plus concevable que le nom qu'il dérive est, en l'occurrence, un nom désignant un lieu.

4.1.2.5   La « i-*Mutation* » en lydien

F. Starke[558] a mis en évidence ce que l'on appelle traditionnellement la « *i*-Mutation » : il s'agit d'un phénomène qui touche principalement les langues louviques (louvite cun., louvite hiér., lycien et milyen) et qui consiste, aux cas directs du singulier et du pluriel animés, en l'intercalation d'un *-i-* entre le thème et la désinence dans le cas de la flexion athématique, ou le remplacement de la voyelle thématique par ce *-i-* dans le cas de la flexion thématique. La « *i*-Mutation » touche les adjectifs mais aussi les substantifs[559]. Il est inutile pour notre propos de détailler les débats autour de son origine[560].

Cette « *i*-Mutation » serait attestée aussi en lydien. Parmi les rares exemples invoqués, seuls trois nous satisfont : en ce qui concerne le premier, *śfardẽt(i)-* « de Sardes »[561], il faut constater que le *-i-* visible au nominatif animé singulier *śfardẽti(s)* (précède en LW 22$_{13}$ la conjonction de coordination *-k,* d'où la chute de *-s*) n'apparaît pas au dat.-loc.-gén. pluriel *śfardẽtav.* Le deuxième exemple que nous citerons est l'adjectif génitival *istaminl(i)-* « de la famille (?) »[562] (cfr *istamin-* « famille (?) ») : comparer le nom. sing. *istaminlis* et le dat.-loc.-gén. plur. *istaminlav.* Il y a fort à parier que tous les dérivés en *-li-* sont sujets à cette « *i*-Mutation ». Enfin, nous pensons[563] qu'il faut ajouter à ces deux exemples *śfẽn(i)-* « parent » (animé) qui, au nom. pluriel *śfẽnis*, présente un *i* qui est absent au dat.-loc.-gén. pluriel *śfẽnav.*

---

[555] Voir cependant les critiques de CARRUBA 1969a, pp. 70-71 note 34, à l'encontre de cette analyse ; selon SCHÜRR 1997, p. 207 et note 14, il s'agirait d'un nom de fonctionnaire et propose « héraut » en s'appuyant sur le carien *armon* (même sens) et la forme verbale milyenne *ermede* qui, d'après le savant, pourrait être rendue par « il annonça ».

[556] Cfr GUSMANI 1969, p. 139 note 14.

[557] Cfr MELCHERT 1994a, pp. 324 & 375 (*et passim*).

[558] Cfr STARKE 1982, pp. 408 svv. ; STARKE 1990, pp. 59-90.

[559] Ainsi, on peut citer, à titre d'exemple, louv. cun. *adduwal(i)-* « méchant » : nom. sing. *adduwal-i-s*, acc. sing. *adduwal-i-n*, nom. plur. *adduwal-i-nzi*, mais nom.-acc. sing. *adduwal-za* (< *adduwal-sa*) et nom.-acc. plur. *adduwal-a*, abl.-instr. *adduwal-ati*,... L'on pourrait aussi citer *ḫarmaḫa/i-* (animé) « tête » : acc. sing. *ḫarmaḫ-i-n*, mais abl.-instr. *ḫarmaḫ-ati*, etc.

[560] Cfr OETTINGER 1987 ; MELCHERT 1994d, pp. 231-235.; ZEILFELDER 2001, pp. 215-228 ;...

[561] Cfr STARKE 1990, pp. 83-85 ; MELCHERT 1994d, p. 231.

[562] Cfr STARKE 1990, p. 85.

[563] Avec MELCHERT 1994a, p. 361 (implicitement !).

4.1.2.6   Suffixe -ẽt-

E. Littmann[564] avait déjà émis l'hypothèse que *śfardẽt(i)-* « de Sardes » pourrait dériver, via un suffixe *-nt-*, de *śfarda-*, qui, selon lui, voudrait dire « Sardes ». Cette supposition n'est aujourd'hui modifiée que sur un seul point : *śfarda-* serait plutôt l'ethnonyme « habitant de Sardes »[565].

Dans cette hypothèse, il faudrait admettre que le suffixe *-nt-* en lydien permettrait de former des adjectifs dénominatifs. Cela n'est pas sans nous rappeler un des nombreux emplois de *-nt-* en hittite[566] : cfr *peruna-* « roche » et *perunant-* « rocheux » ; *kanint-* « soif » et *kaninant-* « assoiffé » ; etc.

4.1.2.7   Suffixe -da-

Par la comparaison de *śfẽn(i)-* « parent (?) » avec *śfẽnda-* « bien, propriété » *vel sim.* et de *ta(a)c-* « offrande » *vel sim.* avec *taacda-* (sens obscur), P. Meriggi[567] est parvenu à mettre en évidence un « formant » *-da-*. H. C. Melchert[568] a récemment tenté de rapprocher *-da-* de *-iyo-* (> *-ida-* ; cfr *bidv* « j'ai donné » < **pidon* < **piyom* ; le **i* est syncopé dans les formes attestées), suffixe bien attesté dans les autres langues anatoliennes et qui servirait à former des adjectifs dénominatifs[569]. Le chercheur ajoute que, en ce qui concerne le lydien, rien n'empêche les adjectifs ainsi formés d'être ensuite substantivés. Enfin, il n'exclut pas que *śfarda-* « habitant de Sardes » puisse présenter ce suffixe ; ce dernier cas nous paraît aussi vraisemblable : on peut très bien imaginer qu'il s'agissait au départ d'un adjectif en *-iyo-* tiré de *śfar(i ?)-* « Sardes » (cfr *ist śfarλ* « dans Sardes » en LW 22₅) ; cet adjectif aurait été ensuite substantivé pour désigner les habitants de Sardes.

4.1.2.8   Suffixe -taar-

Il nous faut aussi nous pencher sur *sawtaar-* (cfr nom. animé sing. *sawtaarś* en LW 14₂ et dat.-loc. animé sing. LW 14 [*saw*]*taarλ*). Reprenant une suggestion d'O. Carruba[570] qui voyait en *sawẽnt* une forme verbale (à la 3ᵉᵐᵉ pers. du présent) signifiant « voir, connaître » *vel sim.*, H. C. Melchert[571] isole une racine verbale *saw-* qu'il rapproche de p.-i.-e. **sekʷ-* « voir » ; *-ẽn-* devrait être considéré comme un suffixe déverbatif[572]. L'identification de *saw-* comme racine verbale[573] lui permet de comprendre

---

[564] Cfr LITTMANN, p. 69.

[565] Cfr *LW*, pp. 202-203 : *śfarda-* = « Sarder ».

[566] Cfr FRIEDRICH 1960, pp. 40-41.

[567] Cfr MERIGGI 1935, p. 90.

[568] Cfr MELCHERT 1990, p. 206.

[569] Voir les exemples dans MELCHERT 1990, pp. 198-205.

[570] Cfr CARRUBA 1969, p. 52.

[571] Cfr MELCHERT 1992a, p. 40.

[572] Cfr *infra* § 4.3.2.4.1.

[573] Et non comme un préfixe : cfr *LW*, pp. 191-192.

saw-taar- comme un nom déverbatif dont le suffixe serait *-taar-*, qu'il rapproche du suffixe d'agent p.-i.-e. **-tor-* ; *saw-taar-* signifierait donc « surveillant, garde » *vel sim.* Un seul exemple est bien entendu insuffisant pour affirmer l'existence d'un suffixe *-taar-* < **-tor-*, mais la proposition de H. C. Melchert est tout à fait plausible.

4.1.2.9   Suffixe **-eh₂-* (?)

H. C. Melchert a dernièrement montré, grâce à des raisonnements sur la phonétique lycienne, que l'anatolien commun a vraisemblablement hérité du suffixe « féminin » **-eh₂-*[574] ; pour des raisons phonétiques (**-eh₂-* > **-ā-* > *-a-*), ce dernier aurait eu tendance à se confondre avec la voyelle thématique (**-o-* > *-a-* dans la majorité des langues anatoliennes), ce qui aurait conduit à la « disparition » de la classe des thèmes en *-eh₂-* dans la plupart des langues filles.

Cette hypothèse est intéressante pour l'étude du lydien ; elle permettrait d'expliquer l'existence de dat.-loc.-gén. pluriels (provenant de gén. plur.) en *-ãv* à côté de ceux, prévisibles[575], en *-ẽv* : *-ãv* viendrait de **-ãm* < **-ā́-om* < **-eh₂-om*[576]. Les attestations de noms munis de cette désinence sont cependant très rares et difficilement analysables : citons par exemple *awλãv* en LW 2₈ (sens obscur : partie d'une tombe ?), qui est déterminé par *aλẽv* en LW 2₇ (dat.-loc.-gén. plur. de *aλa-* « autre ») et clôt une longue liste d'éléments funéraires au dat.-loc.(-gén.) (*esvav mλwẽndav iskon ... buk wãnaλ esλ buk mruλ buk bλasoλ esλ buk laqrisav buk-in aλẽv awλãv*).

4.1.3 Morphologie compositionnelle

Il existe, à notre connaissance, trois cas assurés de composé en lydien[577] (même si la signification de ses membres n'est pas toujours certaine) : le premier est *kaττadmẽś* (nom. animé sing.) en LW 10₈. Ce terme doit être décomposé en *kat-* (< **kata* ; cfr hitt.

---

[574] MELCHERT 1992b, p. 48.

[575] Si l'on prend comme point de départ le génitif pluriel **-om* (cfr *supra* § 4.1.1.2.4) qui doit donner *-ẽv* (cfr *supra* § 3.1.1.2.2.8).

[576] Cfr *supra* §§ 4.1.1.2.4 et 3.1.1.2.2.8.

[577] Nous devons mentionner les trois mots analysés comme des composés par SCHÜRR 2000b : *b[-]rsfantuś* en LW 44₁₄ < **bira-sfẽn-tus* « Hausbesitzer, δεσπότης » (le 1ᵉʳ membre du composé comporterait *bira-* « maison » ; le 2ᵉᵐᵉ membre, le radical du verbe *(fa-)śfẽn-* « posséder » ; l'élément final *-tu-* serait un suffixe verbal) (SCHÜRR 2000b, pp. 123-124) ; *qrifrit* = **qrifrid* + part *-(i)t* en LW 80₁₁, où SCHÜRR 2000b, pp. 124-125, analyse *qr-ifrí-* en *qira(a)-* « bien immobilier, propriété » et **ifrí-* « ... irgendein Anspruch auf beweglichen oder unbeweglichen Besitz, der übertragbar ist ... » ; enfin, *bλtarwod*, qui, selon l'auteur, devrait être sur le même pied que aram. *prbr* « Vorraum » dans la bilingue LW 1, comporterait deux éléments nominaux *bλt-* et *arwo-*. L'étude de D. Schürr présente un intérêt certain : en s'attaquant à la problématique des composés nominaux, l'auteur participe au défrichage de cette région encore méconnue du lexique lydien. Il convient cependant de souligner que les analyses qu'il présente doivent faire l'objet de la plus grande prudence : les deux premiers termes sont des hapax qui apparaissent dans des inscriptions fort abîmées (*b[-]rsfantuś* est lui-même endommagé !). D'autre part, si *bλtarwod* est mieux attesté (4 x), son analyse et son sens ont fait l'objet de controverses (cfr *LW, s. v. bλtarwo-*).

katta, louv. hiér. *kata,* grec κατά, ...) et *sadmẽ-* (notamment) « σῆμα »[578], le tout voulant probablement dire « inscription du dessous » (en faisant référence à la partie du texte qui suit)[579].

Le deuxième composé est *niqasllλ* (datif sing.) qui présente les éléments *ni-* (préfixe négatif ; < *nē* ; cfr lyc. *ni* « μή », louvite *nis* (*idem*), pal. *ni* « ne pas ») et *qa(a)s(l)li-*[580] « qui possède (?) » (cfr *qasaa-* « possession (?) », etc.).

Enfin, *niwiśśi-* « mauvais, impie (?) » montre aussi comme premier membre le préfixe négatif *ni-,* le second étant *wiś(ś)i-* « bon, pieux (?) ».

4.2 *Morphologie pronominale*

4.2.1 Les désinences

Les désinences sont, à une exception près (voir le paragraphe suivant), les mêmes que celles des noms. Cette situation n'est pas étonnante : il semblerait que *-λ,* le dat.-loc. singulier des substantifs, soit emprunté à la flexion pronominale[581] ; il ne fait guère de doute qu'il en aille de même pour le nom.-acc. sing. *-d* (cfr, par exemple, pron. rel. *qid*).

La flexion pronominale offre une particularité au dat.-loc.-gén. plur. du démonstratif *es-* : on trouve en effet *es-vav.* À notre avis, le plus simple est de le considérer comme un redoublement de la désinence[582] ; on aurait ainsi primitivement **es-avav* qui aurait donné, après syncope *es-vav*[583].

4.2.2 Les différents types de pronoms attestés

4.2.2.1 *Pronoms personnels*

4.2.2.1.1 Les formes indépendantes

4.2.2.1.1.1 *Première personne du singulier :* amu

Cette forme représente à la fois le nominatif et le datif (au moins une attestation, en LW 24₄).

Le lydien *amu* (qui remonte vraisemblablement à **emú*) trouve ses équivalents exacts dans le lyc. *ẽ/a/emu* (« moi ; à moi ») et le louv. hiér. *amu* (*idem*). Soulignons que la forme lydienne est intéressante à deux points de vue : d'un côté, elle montre la

---

[578] Cfr *supra* § 3.3.4.1.3.

[579] Pour l'analyse du composé et le sens à lui donner dans le contexte de l'inscription, cfr GUSMANI 1961a, pp. 185-186.

[580] Le suffixe *-li-* présente quelques cas de redoublement de la liquide : les raisons de ces variations demeurent obscures (cfr *LW,* p. 35).

[581] Que *-λ* soit rapproché des finales des pronoms loc. lyciens *ebeli* « ici » et *teli* « où » du lycien ou du génitif singulier pronominal en *-ēl* du hitt. ; cfr *supra* § 4.1.1.1.4 et note 484.

[582] Cfr *LW,* p. 103 ; MELCHERT 1994a, p. 375.

[583] Cette évolution est présentée par H. C. Melchert (voir note précédente)

généralisation pan-anatolienne du vocalisme *u* à partir, vraisemblablement, de la deuxième personne du sing. **tū* (nom.), **tu* (acc.) (pour les autres langues anatoliennes, cfr les exemples cités ci-dessus, auxquels on peut ajouter hitt. *ūg* (nom.), *ammug* (nom.[584], acc., dat.-loc.))[585]. D'un autre côté, il faut noter l'extension analogique de *amu* (peut-être à l'origine acc. et dat.-loc. ; cfr *ammug* en vieux hitt.) au nominatif, processus que partage le lydien avec ses langues sœurs et qui est bien visible en hitt. où *ūg* avait tendance à être remplacé par *ammug* dans la langue tardive[586].

4.2.2.1.1.2   *Troisième personne :* bi-

Il est attesté au nom. animé sing. *bi-s* et au dat.-loc. sing. *bλ, buλ* (avec voyelle épenthétique).

bi- devait être à l'origine un pronom démonstratif, comme l'indiquent les formes anatoliennes apparentées : hitt. *apā-* « celui-là, ce ... -là... », (-)*apa-* en palaïte, (*a*-)*pa-* en louvite hiér., *apā-* en louvite cun., *ebe-* « celui-ci, ce ... -ci » en lycien. Mais, comme le souligne R. Gusmani[587], les formes louvites et hittite peuvent avoir la valeur de pronom tonique de la troisième personne[588].

4.2.2.1.2   Les formes enclitiques

4.2.2.1.2.1   *Troisième personne :* -a-

Il est attesté, de manière assurée, au nom. sing. (-*aś*), à l'acc. sing. (-*av*) et au nom.-acc. sing. inanimé (-*ad*[589]).

Ce pronom est largement représenté dans les autres langues anatoliennes : cfr -*a*- en hittite, en louvite cunéiforme, en louvite hiéroglyphique et en palaïte.

4.2.2.1.2.2   *Troisième personne dat.-loc. sing.* -mλ-

Toutes les attestations claires de ce pronom enclitique se présentent sous la forme -*mλ-*. R. Gusmani, dans son *Lydisches Wörterbuch*[590], suppose que -*mλ-* doit être analysé en -*m*-, particule enclitique (cfr -*ma-* en hittite, en louvite cun. et en louvite hiér.)[591], et le

---

[584] À époque tardive.

[585] Cfr, notamment, KRONASSER 1956, p. 141 ; MELCHERT 1994a, p. 7.

[586] Cfr FRIEDRICH 1960, p. 62.

[587] Cfr *LW*, p. 78.

[588] Pour le louvite cun. et le louvite hiér. et le hittite, cfr LAROCHE 1960, pp. 178-179 ; pour le hittite en particulier, cfr FRIEDRICH 1960, p. 143.

[589] La forme -*at* que le pronom semble revêtir à quelques reprises (voir *LW*, s. v. -*a*-) est problématique. Le phénomène de *sandhi* externe (-*at* = -*ad* lorsque suivi de cons. sourde) proposé par GUSMANI 1965, p. 208, ne satisfait pas : outre l'exception citée par l'auteur en note 22 (-*at amu* en LW 24$_{20}$), il faudrait alors expliquer pourquoi les finales -*d* des noms neutres ne semblent pas affectées par le phénomène. Nous retiendrons provisoirement l'hypothèse de MELCHERT 1997, p. 33 note 3 : -*at* pourrait provenir de l'adjonction de la particule -*t* au pronom -*ad*.

[590] Cfr *LW*, pp. 161-163.

[591] La particule -*m*- n'aurait, dans ce contexte précis, aucune autre fonction que de « soutenir » le pronom (*LW*, pp. 162-163).

pronom -λ-. Les trois seules attestations de ce dernier sous sa forme simple sont cependant douteuses : elles s'accoleraient, au sein de la même inscription LW 22, à des formes verbales (*iit* aux lignes 5 et 10, et *cẽnt* à la ligne 8) qui ne sont manifestement pas les premiers mots accentués de la phrase (place ordinaire pour les pronoms enclitiques). Nous considérons, à l'instar de nombreux chercheurs[592], que le pronom personnel enclitique ne connaît qu'une seule forme synchroniquement, -*mλ*-[593]. Ce faisant, il va de soi que l'analyse faite par R. Gusmani peut être valable au niveau historique. Peut-être devrions-nous ajouter que le pron. encl. 3ème(/2ème) pers. plur. -*mś*- a pu jouer un rôle dans l'émergence de -*mλ*- à partir de *-m(a)-λ-.

4.2.2.1.2.3 *Deuxième et troisième personnes dat. plur.* -mś- *(?)*

Nous ajoutons cette proposition d'O. Carruba[594] : elle permet d'éluder certaines difficultés[595], malgré les doutes qu'exprime R. Gusmani sur son existence[596].

O. Carruba[597] fait le lien entre cette forme pronominale enclitique et ses correspondants hittite (-*smas* (notamment) « pour/à vous ; pour/à eux ») et louvite cunéiforme (-*mmas* « pour/à eux »)[598].

4.2.2.2 *Pronoms possessifs*

4.2.2.2.1 Troisième personne *bili-*

Il s'agit en fait de l'adjectif génitival (suffixe -*li*-[599]) de *bi*-[600]. Dans ses attestations les plus claires[601], il apparaît au nom. sing. (*bilis*) et au dat.-loc. sing. (*bilλ*).

Mutatis mutandis, *bili*- est l'exact équivalent de *apassa/i*- « son » en louvite et *ehbi*- (*idem*) (< *ebhi*- < *ebehi*- < *ebesi*-) en lycien.

---

[592] Depuis LITTMANN 1916, p. 34, jusque HAAS 1962, p. 175 ; CARRUBA 1969a, p. 69 ; H. C. MELCHERT (communication personnelle)...

[593] Notons au passage que cette analyse amène à considérer les finales °λ de *iitλ* et *cẽntλ* comme faisant partie intégrante des formes verbales. Avec H. C. MELCHERT (communication personnelle), il serait tentant d'en extraire une désinence -*tλ*, que l'on pourrait rencontrer sous la forme -*taλ* dans *fabuwerftaλ* en LW 24₉. Le savant américain propose fort prudemment de retrouver derrière ces désinences celle du moyen 3ème pers. *-tori*.

[594] Cfr CARRUBA 1969b, pp. 43-45 ; CARRUBA 1969a, pp. 69-72. Voir aussi l'avis favorable de MELCHERT 1991, p. 141 note 20.

[595] Nous ne les passerons pas en revue : nous renvoyons pour cela aux ouvrages cités à la note précédente.

[596] Cfr *LWErg*, pp. 77.

[597] Cfr CARRUBA 1969b, p. 44.

[598] MELCHERT 1991, p. 141 note 20, fait remonter les trois formes à a. c. *-smos, ce qui semble phonétiquement possible.

[599] Cfr *supra* § 4.1.2.1.

[600] Cfr *supra* § 4.2.2.1.1.2.

[601] En ce qui concerne *bil*, forme « sans finale », cfr *supra* § 4.1.1.4.

4.2.2.2.2 Première personne du sing. *ẽmi-*

Au singulier, *ẽmi-* est attesté au nom. (*ẽmis*), à l'acc. (*ẽmv*) et au dat.-loc. (*ẽmλ*). Le dat.-loc.-gén. pluriel *ẽminav* est problématique : le thème est-il élargi ? C'est ce que pense H. C. Melchert, relevant l'existence de *ẽminas*, qui se trouve à un autre cas que *ẽminav* (un nom. pluriel, d'après le chercheur américain[602]) mais présente la même partie initiale *ẽmin°*. Il ne pourrait donc pas s'agir, selon lui, d'un redoublement de la désinence du dat.-loc.-gén. Cette dernière hypothèse est émise par certains, comme R. Gusmani[603], qui compare la finale *-nav* avec celle en *-vav* de *es-vav*[604]. Mais, dans ce cas, comment expliquer le *i* et la différence de nasale au sein de la « désinence redoublée » (*-nav*) ? De plus, on pourrait se demander pourquoi l'on retrouverait la nasale de ce redoublement dans *ẽminas*. Bref, nous pensons qu'il est plus sage, provisoirement, de considérer *ẽmin-* comme un élargissement du thème *ẽmi-*, même si son origine et sa fonction (marquer le pluriel ?) en demeurent obscures.

ẽmi- est apparenté, notamment, au lycien *ẽmi-* (même sens) et au louvite hiéroglyphique (*a*)*mi-* (même sens).

4.2.2.3 *Pronoms démonstratifs*

4.2.2.3.1 *es-*

Il s'agit d'un démonstratif rapproché (lat. *hic*). Si l'on se limite à ses attestations les plus claires[605], il apparaît au nom. animé singulier (*eśś*[606]), à l'acc. animé sing. (*esv*), au nom.-acc. inanimé sing. (*est*[607]), au dat.-loc. sing. (*esλ*) et au dat.-loc.-gén. plur. (*esvav*[608]).

G. Neumann[609] a rapproché *es-* (< **esi-*) du hitt. *asi* démonstratif indéclinable, composé à l'origine du pronom au nominatif masculin *as* (thème pronominal **e-/o-*) auquel était ajoutée une particule déictique *-i*[610]. En lydien, le tout (c'est-à-dire **esi*) aurait ensuite été considéré comme base du pronom (**esi-*) et aurait reçu des désinences casuelles (d'où *es-t, es-v, es-λ...*)[611].

---

[602] Cfr *supra* § 4.1.1.2.2.

[603] Cfr *LW*, p. 104.

[604] Cfr *supra* § 4.2.1.

[605] En ce qui concerne *es*, forme « sans finale », cfr *supra* § 4.1.1.4.

[606] Assimilation régressive de contact **es-ś* > *eś-ś* (cfr *supra* § 3.3.4.1.1.1).

[607] Dissimilation de contact **es-d* > *es-t* (cfr *supra* § 3.3.4.2.1).

[608] Cfr *supra* § 4.2.1 pour la désinence *-vav*.

[609] NEUMANN 1969, p. 219.

[610] Sur hitt. *asi*, cfr notamment LAROCHE 1979, pp. 148-149 et 151.

[611] Cfr NEUMANN 1969, pp. 219-220, pour d'autres exemples pris dans les langues anatoliennes et indo-européennes. Notons que le rapprochement entre hitt. *asi* et lyd. *es-* suscite des controverses : OETTINGER 1978, pp. 81-82, se sert notamment de ce couple de mots pour soutenir l'idée que pré-lydien **a* (< p.-i.-e. **e* et **o*, selon lui) > lyd. *e*. GUSMANI 1981, p. 284, ne croit pas en ce développement et préfère, en ce qui concerne hitt. *asi* ~ lyd. *es-*, parler d'un développement parallèle. Nous ne pouvons que

4.2.2.3.2   ed-

On ne sait pas grand-chose du sens de ce démonstratif ; peut-être s'agit-il d'un anaphorique[612]. Il est attesté au nom. animé sing. (*eds*), au nom.-acc. animé sing. (*edt*[613]) et au dat.-loc. sing. (*edλ*).

L'étymologie en est obscure. Nous trouvons cependant intéressante l'hypothèse de H. Kronasser[614] qui lie ce démonstratif au thème pronominal **e-/o-* ; *ed-* serait alors construit sur une forme de nom.-acc. inanimé **ed*[615]. Nous pensons, avec R. Gusmani[616], que *ed-* a connu une naissance comparable à celle de *es-*[617] : il faudrait donc poser **edi-* (< **ed-i*) à l'origine de *ed-*. Notons au passage que le caractère palatal de la désinence au nom. animé sing. dans *eds* implique la présence d'un *i* en fin de thème (*eds* < **edis*). H. C. Melchert[618] propose comme autre possibilité **ey(o)-* (cfr dém. lat. *is*) + « *i*-Mutation ». Cette hypothèse ne présente cependant pas l'avantage de proposer une solution parallèle pour pour la genèse de *ed-* et de *es-*.

4.2.2.4   Pronom relatif qi-

On rencontre des attestations du pronom relatif au nom. animé sing. (*qis*), à l'acc. animé sing. (*qv*), au nom.-acc. inanimé sing. (*qid*) et au dat. animé sing. (*qλ*). Il ne fait guère de doute que *y* que l'on trouve dans quelques rares cas à la place de *i* (par exemple, *qys* en 23$_2$, *qyd* en 23$_{14}$) est une variante allophonique de cette dernière voyelle[619]. Mais qu'en est-il lorsque le thème se présente sous la forme *qe-* (toutes les attestations sont au nom.-acc. sing. *qed*) ? Plusieurs partis existent : les uns[620] se prononcent en faveur de l'identité ; ils sont confortés dans cette voie, notamment, par des passages parallèles comme *qed faśfĕnu* (23$_8$) et *qyd faśfĕnu* (23$_{14}$). Il y aurait donc des alternances *i* ~ *y* ~ *e* dans certaines conditions. Lesquelles exactement ? Le scénario que nous avons proposé plus haut[621] opposait des formes accentuées (*qíd/qéd*) et d'autres atones (*qid/qyd*) ; il repose essentiellement sur les identifications *y* = [ẹ] et *e* = [ẹ:] et l'hypothèse que /i(:)/ sous l'action d'une labio-vélaire puisse être prononcé plus vers l'arrière, d'où [ọ(:)]. D'autres proposent d'y voir un autre thème, comme **kʷei-*[622] ou, solution moins crédible

---

l'approuver : hitt. *asi* < **os-i* tandis que *es-* < **es-i-*.

[612] Cfr *LW*, p. 101.

[613] On s'attendait à **ed-d*, mais il a sûrement dû se produire une dissimilation, comme dans **es-d* > *es-t* (cfr *supra* § 3.3.4.2.1).

[614] Cfr KRONASSER 1956, p. 144.

[615] Le démonstratif défectif hittite attesté au dat.-loc. sing. *edani,* à l'ablatif sing. *ediz* et au dat.-loc. plur. *edas* pourrait, comme le suggère KRONASSER 1956, p. 144, être bâti sur ce même pronom neutre *ed.*

[616] Cfr GUSMANI 1981, p. 284.

[617] Cfr *supra* § 4.2.2.3.1.

[618] H. C. MELCHERT (communication personnelle).

[619] Cfr *supra* § 3.1.1.1.4.

[620] GRUMACH 1933, p. 191 ; MERIGGI 1935b, p. 234 ; *LW*, p. 181 ; *LWErg*, p. 83, etc.

[621] Cfr *supra* § 3.1.1.1.4.

[622] Hypothèse émise par *LW*, p. 181, reprise par MELCHERT 1994a, p. 345.

au niveau phonétique, *$k^w o$-[623]. Pourquoi la langue lydienne utiliserait-elle deux thèmes différents pour exprimer un pronom relatif au même cas ? Une dernière solution, fort originale, nous a été communiquée par H. C. Melchert[624] : *qed* < *k^w éy, collectif en -*i* « hystérodynamique »[625]. Hélas, comme nous l'avons remarqué[626], une telle forme aurait, selon nous, abouti à lyd. **qe*, et non *qed*.

Le pronom *qi*- provient de *$k^w i$-, qui est bien attesté dans les autres langues anatoliennes : hittite, palaïte et louvite *kwi*-, lycien *ti*-.

4.2.2.4.1   Remarque : les pronoms relatifs indéfinis (lat. *quicumque*)

Ce type de pronom peut être obtenu en ajoutant au relatif les éléments suivants : le premier est *nă*- ; le pronom ainsi obtenu, *nă-qi*-, est attesté au nom. animé sing. (*nă-qis*) et au nom.-acc. inanimé sing. (*nă-qid*). Derrière *nă*- pourrait se cacher *năv*[627] (la nasale finale *v* tombant devant consonne[628]), adverbe (sens exact encore indéterminé) qui sert aussi à introduire des phrases (par exemple, *nă-m baλtaś ist sawkorfλ* [---*saw*]*ţaarλ-k arktoλ* en LW 14₃, où *nă-m* < **nă-m*, *-m* étant une particule enclitique coordinatrice de sens encore mal connu). Il se pourrait que *nă(v-)* soit lié à l'adverbe hittite *namma* (< **nam-ma*), qui peut lui aussi introduire des propositions (sens « de plus ; encore ; alors ») ou se joindre au pronom relatif dans l'expression *nu namma kwid* « Qu'y a-t-il d'autre ? »[629].

Le second élément que le lydien utilise est -*a*. Le pronom relatif indéfini formé à l'aide de -*a* n'est attesté qu'au nom.-acc. inanimé sing. (*qid-a*). Cet élément -*a* semble correspondre à la particule généralisante (et coordinatrice[630]) a. c. -*Ho* (< p.-i.-e. **-h₂o*)[631] que l'on retrouve en hittite (cfr *kwissa* < **k^wis-Ho* (nom. animé sing.) ; *kwitta* < **k^wid-Ho* (nom.-acc. inanimé sing.) « chaque ; chacun »), en louvite (cfr en louvite cun. *kwis-ḫa* (nom. animé sing.) ; *kwi-ḫa* (nom.-acc. inanimé sing.) « quelque ; quelqu'un ») et en lycien (*ti-ke* « quelque ; quelqu'un »)[632].

---

[623] Cfr OETTINGER 1978, pp. 81-82. Cette proposition nous semble inacceptable : *$k^w o$- doit donner en lydien *ko*- (cfr *supra* §§ 3.1.1.2.2.3 et 3.3.2.2.1.1). Ajoutons cependant que *$k^w e$- est tout à fait envisageable : il devrait donner en lydien *qe*-.

[624] H. C. MELCHERT (communication personnelle).

[625] Cfr OETTINGER 1995a.

[626] Cfr *supra* § 3.3.2.2.2.4.

[627] Cfr MELCHERT 1992a, p. 37

[628] Cfr *supra* § 3.3.2.2.2.1.

[629] CARRUBA 1959, p. 38, avait établi une correspondance entre *năm* lyd. et *namma* hittite, *nă-qi*- < **năm-qi*- et *namma kwid*. MELCHERT 1992a, p. 37 (+ note 11), modifie un peu la comparaison en posant lyd. *năqi*- < **năv-qi*- et non **năm-qi*- ; l'auteur considère, avec raison, selon nous, que *năm* < **năv-m* (cfr MELCHERT 1994a, p. 351).

[630] Cette fonction est attestée en hittite, en palaïte, en louvite, en lycien, mais pas en lydien (on utilise à la place -*k* ; cfr *infra* § 4.2.2.5.1).

[631] Cfr MELCHERT 1994a, p. 306.

[632] HEUBECK 1959, p. 75, établit déjà le rapport entre hittites *kwissa/kwitta* et lydien *qida* ; le savant reste prudent sur le rapport avec « relatif + -*ḫa* » en louvite (même attitude de R. Gusmani dans *LW*, p. 49). Une

Ajoutons, pour terminer, que les deux éléments peuvent être cumulés dans une même forme, comme l'illustre le nom.-acc. inanimé *nã-qid-a* (LW 22$_5$).

4.2.2.5 *Pronoms indéfinis*

4.2.2.5.1 Pronom relatif + -*k* « quelqu'un ; quelque »

À l'instar du pronom relatif indéfini *qid-a*, la forme étudiée dans ce point-ci fait intervenir le pronom relatif (*qi-*) et une particule coordinatrice[633] et généralisante, -*k*. Les formes attestées de cet indéfini sont au nom. animé sing. (*qis-k*), à l'acc. animé sing. (*qi-k* < **qiv-k*), au nom.-acc. inanimé sing. (*qi-k* < **qid-k*) et au dat.-loc. sing. (*qλ-k*).

L'origine de -*k* est vraisemblablement **-k^{w}e*, qui, après apocope, aurait connu une délabialisation[634].

4.2.2.5.2 *qeśi-* « n'importe qui ; n'importe quel »

Ce pronom, dont il manque encore une étymologie sûre (l'initiale *qe°* fait penser au thème pronominal), est présent dans le corpus au nom. animé sing. (*qeśis*) et au dat.-loc. sing. (*qelλ* < **qeśλ*[635]).

À *qeśi-* s'adjoint dans quelques cas la particule (notamment) généralisante -*k*[636] pour renforcer le sens indéfini du pronom[637]. Mais il faut aussi constater que, dans d'autres cas, -*k* attaché à *qeśi-* doit avoir la fonction coordinatrice[638].

4.2.2.5.3 *aλa-* « autre »

Ce pronom, qui est rencontré au nom. animé sing. (*aλaś*), au nom.-acc. inanimé sing. (*aλad*), au dat.-loc. sing. (*aλaλ*) et au dat.-loc.-gén. plur. (*aλēv*), possède des correspondants exacts dans les langues indo-européennes (lat. *alius*, grec ἄλλος... ; <

---

des difficultés majeures de ce dossier réside dans le sort de la fricative a. c. **H*. Étant donné qu'elle semble disparaître en lydien (cfr *supra* § 3.3.2.2.3) et qu'elle pourrait, dans le cadre en tout cas de la coordination **-Ho*, provoquer le redoublement (ou la perte de voisement ?) des consonnes **-s* et **-d* en hittite (cfr MELCHERT 1994a, pp. 159-160 ; p. 164 (avec littérature)), il nous paraît tout à fait envisageable que les formes citées en nésite, louvite et lycien remontent toutes à la combinaison « relatif + **-Ho* ». Nous ne suivons pas H. C. Melchert (MELCHERT 1994a, p. 379 et MELCHERT 1997, p. 33 note 2) qui relie -*a* lyd. à la particule « non géminante » -*a* (*kwis-a, kwid-a,...*) du hittite.

[633] Rappelons que -*a* en lydien ne présente pas de fonction coordinatrice, mais il est fort probable qu'elle en ait eu une à date préhistorique, comme l'indiquent les particules provenant de a. c. **-Ho* dans les autres langues anatoliennes (si le rapprochement est justifié !) (cfr *supra* § 4.2.2.4.1 et note 633).

[634] Cfr *supra* §§ 3.1.3.1.2 et 3.3.2.2.1.2.

[635] Cfr *supra* § 3.3.4.1.1.1.

[636] Cfr *supra* § 4.2.2.5.1.

[637] Par exemple dans LW 1$_6$ *ak-t-in nãqis qelλk fēnsλifid* « Maintenant, une personne qui détruit quoi que ce soit... ».

[638] Cfr *LW*, p. 184, au sujet de *qeśi-* + -*k*.

*alyo-), mais non dans les langues anatoliennes.

4.3 *Morphologie verbale*

Le système verbal lydien, tel qu'on peut se le représenter grâce aux inscriptions, est fort sommaire : nous ne connaissons qu'un seul mode personnel : l'indicatif ; une seule voix : l'actif ; deux temps : le présent-futur et le prétérit.

Les lacunes dans notre connaissance du verbe lydien sont, à n'en point douter, tributaires des limites intrinsèques du corpus, à la fois au niveau qualitatif et quantitatif. Mais il nous semble que cet état de fait ne doit pas être imputé uniquement à la pauvreté des attestations de la langue : d'une manière générale, on peut affirmer qu'en comparaison avec d'autres langues indo-européennes comme le grec ou le sanskrit, le système verbal des langues anatoliennes est fort peu développé. Ainsi, si l'on se cantonne aux modes personnels, le hittite ne possède que deux voix (active et médio-passive), deux temps (le présent-futur et le prétérit) et deux modes (l'indicatif et l'impératif).

4.3.1 Morphologie flexionnelle

4.3.1.1 *Le présent-futur*

4.3.1.1.1 Première personne du singulier

La désinence est -*w* après voyelle et -*u* après consonne[639]. Quelques exemples : en situation post-consonantique dans *cẽn-u* (*cẽn(a)-* « consacrer ») et *faśfẽn-u* (*faśfẽn-* « posséder ») ; en situation post-vocalique : *ko-w* (*ko-* « révéler (?) »), *fakantro-w* (*fakantro-* « confier, offrir » *vel sim.*).

L'origine de -*w/-u* doit être recherchée dans son équivalent louvite -*wi*[640] (par exemple, louv. hiér. *iziyawi* « je fais » ; louv. cun. *ḫapiwi* « j'inonde »), le *i* final inaccentué tombant en lydien à période préhistorique[641]. Malheureusement, la provenance de cette désinence demeure obscure[642].

---

[639] Cfr MERIGGI 1935, 71-72.

[640] Cfr KRONASSER 1956, pp. 168-169.

[641] Cfr *supra* § 3.1.3.1.2.

[642] Le plus simple consiste à concevoir un scénario qui permettrait de faire provenir cette désinence de *-mi*. Plusieurs chercheurs tentent de le faire mais leur hypothèse n'est jamais entièrement satisfaisante : KAMMENHUBER 1969, p. 318, évoque la possibilité d'une extension analogique d'une désinence -*wi* qui tirerait son origine d'une dissimilation de *-mi* dans des verbes contenant un *m* dans leur thème. Ces derniers seraient-ils si nombreux ? KRONASSER 1956, p. 169, pense à une influence de la désinence de la première personne du pluriel. Cependant, la forme de celle-ci est sujette à débats : si louv. cun. -*unni* < *-wani* (CARRUBA 1968, p. 18) est exact, alors nous devons admettre que le raisonnement tient la route. En tout cas, pour ce qui concerne le lydien, ce scénario mettant en scène une analogie avec la première pers. du pluriel est tout à fait envisageable, puisque celle-ci est -*wv* (cfr *infra* § 4.3.1.3.1). Nous devons enfin citer l'hypothèse novatrice de JASANOFF 1988, pp. 73-74 (cfr aussi MELCHERT 1994a, pp. 51-52), qui fait

4.3.1.1.2 Deuxième personne du singulier (?)

La seule forme qui a été interprétée comme telle est *kαταλres*[643], dont on ne connaît pas le sens exact ; cette forme se trouve sur l'inscription funéraire LW 5₂, dans une proposition relative de lieu, *kud kαταλres,* que A. Heubeck traduit par « là où tu regardes » ou « là où tu te tournes ». Le sens donné à cette relative est tout à fait envisageable ; du moins, l'utilisation de la deuxième personne du singulier n'est pas absurde[644].

La désinence doit être *-s*[645]. Le caractère palatal de la sifflante pourrait indiquer la présence d'un *i* qui aurait disparu à période préhistorique : **-si,* présente au moins en hittite (par exemple, *arnusi* « tu bouges (transitif) »), en palaïte (par exemple, *aniyasi* « tu fais ») et en louvite (par exemple, louvite cun. *awisi* « tu viens » ; louvite hiér. *ayasi* « tu fais ») est donc une origine envisageable[646].

4.3.1.1.3 Troisième personne singulier (et pluriel ?)

Les spécialistes posent deux désinences pour marquer la troisième personne du présent : *-t* (par exemple, *wcbaqẽnt* « anéantir, détruire » *vel sim.*) et *-d,* nettement plus fréquente que la précédente (par exemple, *fẽnsλibid* « il(s) endommage(nt) »). La coexistence de ces deux désinences est problématique. La première explication qui pourrait venir à l'esprit est un phénomène de *sandhi* externe, mais cette solution doit d'emblée être exclue : il faut, en effet, constater qu'un thème verbal donné ne paraît pas montrer d'alternance entre l'une ou l'autre forme (ainsi, par exemple, *fẽnsλibi-* présente toujours *-d ; wcbaqẽn-,* toujours *-t*...). Il semble donc opportun de chercher l'explication de cette répartition *-t/-d* au niveau du thème verbal. C'est la voie qu'ont empruntée les savants qui ont tenté d'éclaircir ce point difficile ; le premier que nous citerons est R. Gusmani[647] : il pose **-ti* à l'origine de *-t/-d*, point sur lequel la majorité des chercheurs sont d'accord. Selon le savant italien, le développement d'un groupe « occlusive dentale + voyelle » en fin de mot devrait donner *-d* : il se sert, pour avancer cette hypothèse, des correspondances *kud* « où » ~ hitt. *kuwatta* (*idem*) et *ebad* « ici ; là » ~ hitt. *apadda* « là ». La désinence *-t* serait une variante née de *-d* dans un environnement phonétique particulier (il cite notamment après consonne ou voyelle nasale). H. C. Melchert, dans un

---

provenir *-wi* de **-h₂u* (+ *-i*), variante de *-h₂e* (? pré-p.-i.-e. **-óhₓe* > **-óhₓu*) ; voir JASANOFF 2003, pp. 61-62, pour une présentation « améliorée » de ses vues sur le sort de **°hₓe* en pré-p-.i.-e.

[643] Cette analyse fut faite par HEUBECK 1959, pp. 60-61 et a été suivie par nombre de savants comme R. Gusmani (dans *LW,* p. 148), MELCHERT 1994a, p. 337,...

[644] Le début de l'inscription pourrait être traduit comme suit : ₁ *eśś wãnaś atalis tiwdalis tarwτallis* = « Cette chambre funéraire appartient à Ata-, fils de Tarwτa- » ; ₂ *ak=in kud kαταλres ak teśaśtid siwãmlid* |₃ *mλola śrfaśtid mẽλalid mλola* « Là où tu jettes ton regard (?), la partie de droite (?) appartient à Siwãm-, la partie de gauche, à Mẽλa- ».

[645] Les thèmes en °*e-* sont nombreux dans les verbes lydiens : *qisre-* « épargner » *vel sim.*, *kατare-* (sens inconnu), *fakarse-* « détruire » *vel sim.*,...

[646] Cfr HEUBECK 1959, p. 60.

[647] Cfr GUSMANI 1965, pp. 207-209.

article entièrement consacré à la troisième personne du présent en lydien[648], conteste certaines idées défendues par R. Gusmani, comme l'idée que *-VtV donnerait -d en lydien[649]. Le chercheur américain pense, avec raison selon nous, que les exemples utilisés par R. Gusmani sont sujets à caution[650], voire même, que certains exemples tendent à montrer que *-VtV doit donner -t[651]. Si la désinence attendue est -t, d'où les -d proviennent-ils ? H. C. Melchert[652] explique -d < *-di < *-ti en faisant intervenir les deux lois de lénition d'Eichner d'application en a. c.[653] : une occlusive se sonorise (se lénifie ?) lorsqu'elle se trouve entre deux voyelles inaccentuées ; par exemple, -wãmid dans fa-kat-wãmid (fa-kat-wãmi- « être favorable, concéder » vel sim.) < wémidi < a. c. *wémyedi < *wémyeti[654] ; cfr hitt. wēm(i)yezzi[655]. Une occlusive se sonorise (se lénifie ?) aussi lorsqu'elle suit une voyelle longue ou une diphtongue accentuée ; par exemple, les finales de verbe en -nod (et -vod) proviendraient de *-néudi < *-néu-ti[656].

On admet généralement que le lydien ne possède qu'une seule désinence (-t/-d) pour le singulier et le pluriel. Ce fait est généralement illustré par les formules d'imprécations des inscriptions funéraires[657] : le verbe wcbaqẽn- « anéantir » vel sim. présente la même désinence -t, qu'il y ait un seul sujet (une divinité en l'occurrence) ou plusieurs : comparer fak-mλ lewś wcbaqẽnt « Lew- le détruira » (LW 3₅) et fak-mλ-t qλdãnś artymu-k wcbaqẽnt « Qλdãn- et Artimu- le détruiront » (LW 4b₄₋₅). De manière très judicieuse, H. C. Melchert[658] nous fait remarquer que ce type d'exemples n'est pas probant : il pourrait simplement y avoir accord avec le sujet le plus proche. En fait, il semble que les meilleurs exemples de verbes potentiellement au pluriel doivent être recherchés dans les propositions dont le sujet est au nominatif pluriel. Il n'existe, selon nous, qu'un seul exemple de verbe au présent-futur répondant à ce critère : taqtulãt en LW 22₁₃ – le sujet est siwraλmis[659]. La finale -ãt de ce verbe, dont le sens et l'étymologie sont obscurs, pourrait provenir d'une ancienne forme du pluriel *-ãnt < *-ánti < *-éh₂Vnti[660]. Conclusion : la seule forme verbale au présent-futur qui possède un sujet

---

[648] Cfr MELCHERT 1992a.

[649] Cfr MELCHERT 1992a, pp. 31-32.

[650] Ainsi, kud devrait plutôt provenir de *kʷudʰV (cfr skt kúha « où », russe kudá (idem), lat. ubi (idem),…). D'autre part, hitt. kwatta présente en première syllabe une séquence kuwa° qui, à n'en point douter, doit remonter à *kʷo°, qui devrait donner en lydien ko°. En ce qui concerne ebad ~ apadda, MELCHERT 1994a, p. 338, souligne le e initial de la forme lydienne, qui ne peut en aucun cas venir de *o (apadda étant le dat.-loc. de apa- < a. c. *obo- < *obʰo-).

[651] Ainsi, *kata- ne donne pas **kad- mais kat- ; la particule enclitique -t provient de *-te (cfr louvite cun. et pal. -tta, lyc. -te),…

[652] Cfr MELCHERT 1992a, pp. 34-35.

[653] Cfr supra § 3.3.2.1.3.1 et les notes 296-297.

[654] Cfr infra § 4.3.2.2.

[655] Rapprochement établi par OETTINGER 1978, pp. 87 et 88. Cfr infra § 4.3.2.2.

[656] Cfr infra § 4.3.2.4.3.

[657] Nous tirons la démonstration suivante de LW, pp. 223-224.

[658] H. C. MELCHERT (communication personnelle).

[659] Cfr supra § 4.1.1.2.1.

[660] Cfr infra § 4.3.2.3.1 et MELCHERT 1992a, p. 40.

assurément au pluriel présente une désinence -$\bar{V}t$, différente de -t/-d. Existait-il synchroniquement une opposition 3ème pers. sing. -t/-d ~ 3ème pers. plur. -$\bar{V}t$, prolongeant *-ti ~ *-nti[661] ?

4.3.1.2   Le prétérit

4.3.1.2.1   Première personne du singulier

R. Gusmani, complétant une proposition d'E. Vetter[662] selon laquelle les formes verbales en °idv (par exemple, dans $in\tilde{a}nidv$ « j'ai fait ») seraient à la 1ère pers. sing. prétérit, montre que semblable analyse doit être faite pour quelques formes qui se terminent simplement en -v (comme $tamv$ de tam- « construire, ériger (?) »)[663]. Le chercheur italien se demande dès lors comment il convient de considérer la séquence °id° de °idv et évoque la possibilité qu'il s'agisse d'une partie du thème.

Cette solution est, nous semble-t-il, la plus probable ; elle a été prônée récemment par H. C. Melchert[664] : la seule désinence réelle de la 1ère pers. sing. du prétérit est -v < *-om/-$m̥$ (> hitt. -un comme, par exemple, dans $esun$ « je fus », $eppun$ « je saisis »...) ; la séquence °idv que l'on rencontre par exemple dans $bidv$ « j'ai donné » provient de *°iy-om : ainsi, $bidv$ < *$píyom$ (préverbe pe- + ay- « donner », d'où hitt. $pāi$ « il donne », $piyanzi$ « ils donnent », louv. $piya$- « donner », lyc. $piye$- ($idem$)). Les séquences °idv et, plus généralement °dv sont abondantes en lydien : cette situation s'explique par la fréquente utilisation de suffixes faisant intervenir un *y (*-eye/o-, *-ye/o-...)[665].

4.3.1.2.2   Troisième personne singulier

Elle est caractérisée à l'aide de la désinence -l : par exemple, $bill$ < *bid-l[666] de bid- « donner », $f\tilde{e}ncal$ de $f\tilde{e}nca$- « consacrer »... Nous ignorons sur quels exemples

---

[661] On nous reprochera sans doute de mettre de côté $\tilde{a}n\tau\tilde{e}t$, qui est généralement analysé comme un verbe, signifiant « ordonner » *vel sim.*, à la 3ème pers. sing.-plur. (*LW, s. v. $\tilde{a}n\tau\tilde{e}$-*). Bien que, comme l'a montré MELCHERT 1992a, pp. 39-40, la finale -$\tilde{e}t$ puisse provenir d'une dés. de 3ème pers. plur. *-$ónti$, les seuls sujets possibles sont au sing. (GUSMANI 1995, p. 15) : *mitridastaś mitratalis kaweś* « le prêtre M. fils de M. » (en LW 23$_5$ et LW 24$_{1-2}$) et *serli(s) srmlis* « l'autorité du temple » (en LW 24$_{16}$). Rien, à notre avis, ne nous oblige à considérer $\tilde{a}n\tau\tilde{e}t$ comme une forme verbale. Cette analyse est dictée par la ressemblance avec hitt. $hand\bar{a}(i)$- « ordonner ». Or, les raisonnements de EICHNER 1986a, p. 9, et de MELCHERT 1992a, pp. 39-40, ont mis à mal ce rapprochement. En outre, le fait que $\tilde{a}n\tau\tilde{e}t$ soit presque toujours en tête de proposition (en LW 23$_5$ et 24$_1$) constitue un fait troublant pour un verbe, d'ordinaire placé à la fin (voir les justifications de MERIGGI 1935, p. 75 : recherche d'emphase). Ainsi, il nous semble qu'il est temps de mettre un terme à la « Gleichklangetymologie » dont fait l'objet $\tilde{a}n\tau\tilde{e}t$ et d'ouvrir de nouvelles pistes ou d'en redécouvrir de plus anciennes (pour rappel, il s'agirait d'une conjonction temporelle chez BRANDENSTEIN 1931, p. 29 ; d'un titre chez GRUMACH 1933, p. 187 ;...).

[662] Cfr VETTER 1959, pp. 44 svv.

[663] Cfr GUSMANI 1960a, pp. 281-288.

[664] Cfr MELCHERT 1992, (notamment) p. 38.

[665] Cfr *infra* § 4.3.2.

[666] Cfr *supra* § 3.3.4.1.1.1.

certains savants[667] s'appuient pour affirmer que la désinence -*l* est indifférente au nombre[668].

Cette désinence est aberrante en regard des autres langues anatoliennes (hitt. -*t/-s(ta)*, louvite -*(t)ta*, lycien -*te/-de*, pal. -*t*,...), et on comprend que certains linguistes aient voulu réduire la « fracture » en proposant de ramener la liquide à une ancienne dentale[669]. Ces tentatives doivent cependant être rejetées[670]. Nous nous rallions à l'*opinio communis*, en interprétant le -*l* comme le résidu d'un prétérit périphrastique formé autour d'une forme participiale en *-lo-* : pour cette dernière, nous renvoyons, notamment, aux adjectifs déverbatifs en -λε/ο- du grec (σιγηλός « silencieux » en face de σιγάω « se taire »)[671], à ceux en -*ulus* du latin (cfr *crēdulus* « crédule » à côté de *crēdere* « croire ») ou, au niveau anatolien, à ceux en -*a-la-* du hittite (*arnuwala-* « déporté » en face de *arnu-* « emporter »)[672]. Les meilleurs points de comparaison demeurent le vieux slave (et les langues slaves en général) où le parfait est formé grâce au participe parfait actif en -*lŭ* accompagné du verbe « être » *jesmĭ* fléchi (ex. : *bilŭ jesmĭ* « j'ai frappé ») et le parfait périphrastique de l'arm. classique, composé d'un participe en -*eal* (gén. -*eloy*) et de la copule *em* (ex. : *nora* [sujet au gén. « il »] *bereal ê* « il a porté »).

4.3.1.3   *Formes problématiques*

4.3.1.3.1   Première personne du pluriel

Un petit nombre de formes verbales est concerné : elles présentent la désinence -*wv*. Si leur identification comme 1ère pers. du pluriel doit être attribuée à H. T. Bossert[673], le mérite d'avoir démontré cette analyse revient à R. Gusmani[674] : il a en effet relevé que *isqasãnwv* (*isqasãn-* « posséder (?) ») en LW 13$_3$ possède trois sujets, dont l'un est *amu* (pronom pers. 1ère pers. du sing., ici au nom.). De là, on peut supposer que les autres formes verbales en -*wv* (*fasiwv* ligne 5 (sens obscur), *faśfẽnwv* ligne 8 (*faśfẽn-* « posséder »), *ceswv* ligne 4 (sens obscur), *tẽnwv* ligne 11 (sens obscur)) dans le texte LW 13 sont aussi à la première pers. du plur. ; malheureusement, cette inscription (« poétique »[675]) présente de nombreux *hapax* et son sens est assez obscur. Deux autres formes à la 1ère pers. du plur. pourraient se trouver dans l'inscription LW 22 (*kaττiwv* ligne

---

[667] Cfr *LW, passim* ; CARRUBA 1969a, p. 80 (notamment) ; WERNER 1967, p. 138 ; OETTINGER 1978, *passim*;...

[668] Ce fait nous a été signalé par H. C. MELCHERT (communication personnelle). Voir aussi les doutes de MERIGGI 1980, p. 346 (« ... la 3a pers. pret. (sg. = pl. ?) ... »).

[669] EICHNER 1975, p. 80 : < *-t(a)* ou *-d(a)* ; OETTINGER 1978, p. 86 : < *-da*.

[670] Rien ne permet en effet d'affirmer qu'une dentale, dans un environnement précis, donne de manière systématique /l/ en lydien : cfr GUSMANI 1981, pp. 280-282 ; MELCHERT 1994a, p. 342.

[671] CHANTRAINE 1933, pp. 237-241.

[672] Cfr VAN BROCK 1962, pp. 94-96.

[673] Cfr BOSSERT 1944, pp. 124-125. Le savant ne dit pas explicitement sur quelle base il s'appuie pour affirmer cela : un rapprochement avec hitt. -*weni* (prés.-fut.) et -*wen* (prét.) ?

[674] Cfr GUSMANI 1960a, pp. 288-290.

[675] Cfr *supra* § 2.1.6.

6 (*kaττι-* « interdire (?) ») et *wcbinwv* ligne 13 (*wcbin-* « accorder (?), distribuer (?) »))[676], mais il n'est pas possible d'apporter un indice probant comme pour *isqasānwv* en LW 13$_3$.

Si l'identification du nombre et de la personne ne soulève plus de question aujourd'hui, celle du temps demeure problématique : *-wv* pourrait, phonétiquement, provenir de **-wen* (cfr hitt. *-wen* ; par exemple dans *eswen* « nous étions ») et, par conséquent, se rapporter à la sphère du passé. Nous savons en effet que *v#* < **n#*[677]. Mais rien, à notre avis, n'interdit de considérer *-wv* comme une désinence du présent-futur : l'évolution *-wv*[678] < **wen*[679] < a. c. **-weni* (cfr hitt. *-weni* ; par exemple dans *eppweni* « nous saisissons ») reste envisageable. Sauf erreur de notre part, la question n'a pas encore été tranchée[680].

4.3.1.3.2   Formes en *-rś*, *-ris* et *-rśt*

L'acharnement des philologues n'est pas encore parvenu à expliquer clairement ces formes verbales, qui sont assez rares et originales (du moins en apparence) au regard des langues anatoliennes. Pour cette raison, nous insistons sur le caractère provisoire des remarques qui suivent.

La finale *-rś*, tout d'abord, est la plus attestée : *siśirorś* (LW 2$_{12}$), *ětośrś* (LW 2$_3$), *kaττirś* (LW 22$_3$, LW 22$_9$, LW 22$_{11}$), *bimirś* (LW 27$_3$), *[-]aarcrś* (LW 80$_2$)[681]. Les linguistes[682] proposent généralement d'analyser ces formes comme des participes. Dans cette perspective, *-ś* pourrait être analysé comme la désinence du nom. sg. et *-r-* comme faisant partie du thème[683]. En outre, on a souvent suggéré que les formes verbales en *-ris* (*facviris* en LW 22$_1$ et *fawnēris* LW 22$_2$) pourraient être une variante de *-rś*[684] : selon R. Gusmani, par exemple, la finale *-ris* serait une variante archaïque ou « poétique » de *-rś*. Nous pensons que l'inverse est possible : le *i* de *-ris* pourrait être une voyelle

---

[676] Cfr GUSMANI 1960a, pp. 295 et 297.

[677] Cfr *supra* § 3.3.2.2.2.1.

[678] Syncope du *e* en dernière syllabe inaccentuée : cfr *supra* § 3.1.3.1.1.1.

[679] Apocope préhistorique du *i* final inaccentué : cfr *supra* § 3.1.3.1.2.

[680] Une des dernières tentatives en date est celle de SCHÜRR 1997, p. 204 : son analyse des formes en *-ris* comme des prét. 1ère pl. lui permet de considérer celles en *-wv* comme des présents. Nous verrons cependant (*infra* § 4.3.1.3.2) que les vues de D. Schürr sur *-ris* sont loin de faire l'unanimité.

[681] *Ětwerś(-)* (LW 23$_{11}$) et *ětwersn* (LW 24$_{14}$) soulèvent de multiples questions. Sans examiner le problème en détail (cfr *LW, s. v. ětwersn* ; *LWErg, s. v. ětwersn*), rappelons que les deux formes apparaissent dans des phrases formulaires : *ětwerś-k-in saroka-k esvav ciwav nikumēk sawěnt...* en LW 23$_{11}$ et *artimuλ-k-in ětwersn saroka-k nikumēk sawěnt...* en LW 24$_{14}$. Il semble aujourd'hui peu probable que le °*n* de *ětwersn* représente une particule ou un pronom enclitique (MERIGGI 1935, p. 95). D'un autre côté, la proximité entre les deux passages cités invite à reconstituer en LW 23$_{11}$ *ětwerś(v)-k-in* (cfr *supra* § 3.3.4.3). À titre provisoire, nous analysons donc cette forme comme un nom à l'accusatif sing., complément direct de *sawěnt*, au même titre que *saroka(v)* (CARRUBA 1969a, pp. 50-52).

[682] Citons, entre autres, MERIGGI 1935, pp. 86 et 88 (notamment) ; *LW*, p. 42 ; CARRUBA 1969a, p. 64 ; HEUBECK 1969, p. 415;...

[683] *LW*, p. 42.

[684] MERIGGI 1935, p. 96 note 49 ; *LW*, p. 42 ; *s. v. facviris* ; *s. v. fawnēris* ; HEUBECK 1969, p. 415;...

épenthétique[685].

D. Schürr a dernièrement formulé une hypothèse radicalement différente : -rś et -ris seraient des désinences verbales ; la première marquerait la 2ème pers. pl. du présent[686] ; la seconde, la 1ère pers. pl. du prétérit[687]. Ces analyses reposent en grande partie sur son interprétation de LW 22, où la majorité de ces formes apparaissent : l'inscription serait rédigée dans le discours direct ; les habitants de Sardes (śfardẽnτ) s'y adresseraient à un groupe de personnes, les mλimn-[688]. Le raisonnement de D. Schürr comporte, selon nous, des éléments intéressants : soulignons, par exemple, son analyse de śfardẽnτ (LW 22$_1$) comme un nominatif pluriel animé[689]. Nous ne le suivons cependant pas lorsqu'il traduit est mrud śfardẽnτ facviris ... (LW 22$_1$) par « Diese Stele wir Sarder errichteten »[690]. Une comparaison avec ... esv tacv maneś bẽtowlis facunil ... (LW 43$_{3-5}$) (« M. fils de B. a dressé/offert cette offrande (vel sim.) ») suggère plutôt que facunil et facviris sont tous deux au prétérit 3ème pers., mais qu'ils se distinguent uniquement par le nombre (le premier est au sing., le second, au plur.)[691]. L'usage de la 1ère pl. dans ce texte n'est pas invraisemblable : kaττiwv (LW 22$_6$) et wcbinwv (LW 22$_{13}$) en témoignent. Les habitants de Sardes peuvent toutefois parler d'eux-mêmes à la troisième pers. du plur. ou à la première pers. du pluriel. Nous considérons donc que est mrud śfardẽnτ facviris ... pourrait être rendu par « Les habitants de Sardes ont offert/dressé cette stèle ... ». Nous rejoignons ainsi l'avis de H. C. Melchert[692] qui considère -ris comme la désinence de la 3ème pers. prétérit, en alternance avec -rś. Ce dernier fait peut être illustré grâce à la forme kaττirś qui à deux reprises en LW 22[693] a pour sujet siwraλmis artimul « les s.[694] d'Artémis ». L'interprétation des formes en -rś/-ris comme des prétérits 3ème pers. pl. n'entre pas en contradiction avec leur analyse comme des participes : il suffit de poser que la copule est sous-entendue.

À côté des formes en -rś et en -ris, il existe une troisième catégorie souvent associée en -rśt. Il n'en existe que deux attestations qui apparaissent dans la même inscription, LW 23 : dacuwerśt en LW 23$_1$ et biferśt en LW 23$_{22}$. La rareté de cette désinence n'offre qu'un très petit champ de manœuvre au linguiste. Pour des raisons formelles, on la rapproche des formes en -ris/-rś. Dans cette perspective, comment interpéter le t final de dacuwerś-t et biferś-t : certains ont cru y voir le reste d'une copule[695], mais rien n'est moins sûr.

---

[685] Cfr supra § 3.1.3.2.

[686] SCHÜRR 1997, pp. 205-206.

[687] SCHÜRR 1997, pp. 202-204.

[688] Les habitants d'un toponyme *mλi- selon l'auteur (SCHÜRR 1997, p. 207).

[689] śfardẽnτ pourrait provenir de *śfardẽts < *śfardẽtis : cfr LW, s. v. śfardẽti-. Il n'existe selon nous aucune différence entre un ethnique śfardẽnt- et un adjectif śfardẽt(i)- « de Sardes ». Le n de la partie suffixale est le seul élément qui semble soutenir cette distinction. Cfr cependant infra note 766.

[690] SCHÜRR 1997, p. 203.

[691] Sur la possibilité que les deux formes appartiennent au même verbe, cfr notamment LW, s. v. facviri-.

[692] H. C. MELCHERT (communication personnelle).

[693] LW 22$_9$ et LW 22$_{11.}$

[694] Cfr supra § 4.1.1.2.1.

[695] Cfr BOSSERT 1944, p. 131 ; VETTER 1959, p. 14 ; LWErg, p. 48 ; INNOCENTE 1986, p. 47 ;...

4.3.2 Morphologie dérivationnelle

Ce secteur de la morphologie verbale a été fort peu abordé. Cette situation est compréhensible : la langue lydienne a fort évolué par rapport aux systèmes que l'on reconstitue pour l'anatolien commun et le proto-indo-européen. Deux chercheurs ont particulièrement réfléchi sur le problème : N. Oettinger[696] et H. C. Melchert[697]. Nous ferons cependant plus référence à ce dernier : son étude est plus systématique, plus cohérente et plus approfondie.

4.3.2.1 *Restes de verbes radicaux athématiques ?*

4.3.2.1.1 *-im* ?

R. Gusmani a émis l'hypothèse que *-im* que l'on trouve essentiellement dans les légendes de sceau soit la copule « je suis »[698]. Nous ne pouvons nous permettre ici de discuter le dossier épineux et fort controversé que constituent ces formules « adjectif d'appartenance « sans terminaison » + *-im* »[699]. Nous dirons simplement que *im* < **esmi* est envisageable (disparition du **s* comme dans *-mś* < **-smos*[700] ; ce qui entraîne un allongement compensatoire de **e* ; ce **ē* devient ensuite naturellement *i*[701]). La désinence **-mi* ainsi reconstruite pourrait surprendre : dans les autres verbes, la 1ère pers. sing. du présent est marquée par *-u/-w* < **-wi*. Comme le fait remarquer R. Gusmani, pareille situation peut être retrouvée en latin et en gotique où, respectivement, *sum* et *im* sont aussi des formes isolées par rapport au type plus habituel *legō* et *baíra*[702].

Nous n'insisterons toutefois pas sur cette identification, qui ne fait pas l'unanimité chez les chercheurs[703].

4.3.2.1.2 *fisqãnt*

D'aucuns[704] ont rapproché *fis-qãn-*[705] « détruire » du hitt. *kwen-* « frapper, tuer » (racine p.-i.-e. **g^{wh}en-*). Cependant, il semble interdit de faire remonter *-qãnt* directement à **g^{wh}én-ti* : on aurait dû avoir dans ce cas ***qēt*. H. C. Melchert[706] imagine donc une analogie sur la première personne du singulier : **g^{wh}én-wi* devrait donner naturellement

---

[696] Cfr OETTINGER 1978, pp. 87-89.

[697] Cfr MELCHERT 1992a, pp. 39-54.

[698] Cfr GUSMANI 1971.

[699] Par exemple, *manel-im* (LW 55 et 56) « [ich] bin des Manes » selon le savant italien ; cfr GUSMANI 1972.

[700] Cfr *supra* § 4.2.2.1.2.3.

[701] Cfr *supra* 3.1.1.2.2.5.

[702] Cfr GUSMANI 1971, p. 4.

[703] Cfr EICHNER 1981, p. 209 : *-m* (et non *-im*) « moi », pron. pers. enclitique, < p.-i.-e. **-mey* (dat.).

[704] Cfr *LW*, p. 224 ; OETTINGER 1978, p. 87 ; MELCHERT 1992a, p. 43 ;...

[705] *fis-* est un bloc de préverbes formé de *f(a)-* et *-is-* (cfr *infra* § 4.3.3.2.1).

[706] MELCHERT 1992a, pp. 43-44.

g^wén-wi > *$*k^w$én-u* > *$*q\tilde{a}nu$*. Le savant américain renforce ses propos par la comparaison avec le hittite où la troisième pers. du sing. *kwēnzi,* au lieu de **kwanzi* attendu[707], est refait sur la première personne du singulier *kwemi.*

4.3.2.2   Suffixe primaire *-ye/o-

Le mérite d'avoir rapproché *(fa-kat-)wãmid (fa-kat-wãmi-* « être favorable, concéder » *vel sim.*) du hitt. *wēm(i)yezzi* « il trouve » revient à N. Oettinger[708]. H. C. Melchert a approfondi le rapprochement : comme l'a montré N. Oettinger, *wēm(i)yezzi* est un représentant d'une classe de verbes caractérisés par le suffixe *-ye/o-* et le degré *e* de la racine[709]. Le savant américain ajoute que cette dernière devait être accentuée (d'où le *ē*) et montre que toutes ces caractéristiques peuvent se retrouver dans lyd. -*wãmid* (voyelle nasale sous l'accent) < *-wémyedi* < (lois de lénition d'Eichner[710]) *-wémye-ti*[711].

D'aucuns rapprochent *(fa-)korfid (fa-korfi-* « abîmer » *vel sim.*) de *karp(i)yezzi* « il prend, il emporte »[712]. Aurait-on à l'origine dans les deux cas un radical au degré *e* accentué (cfr cas précédent), comme le voudrait H. C. Melchert[713] ? Si le phénomène phonétique hittite /érC/ > /arC/[714] pourrait très bien expliquer *karp(i)yezzi* < *kérpyeti,* le vocalisme *o* de *-korfid* reste obscur : les connaissances actuelles de la phonétique historique lydienne ne permettent aucunement de justifier un passage *kérp° > korp°[715]. Nous préférons poser en amont des formes hittites et lydiennes *$g^hṛbh_2$-yé-[716] > a. c. *kṛp-yé-* qui pourrait donner de manière régulière *karp(i)ye-* en hitt.[717] et, peut-être, en pré-lyd. *kurp-yé-*[718]. Nous imaginons que, par la suite, il y a eu un déplacement d'accent sur la racine, sur le modèle de verbes comme *(fa-kat-)wãmid : *kurpyé- → *kúrpye-,* qui aboutit à *korfi-,* si l'on accorde foi à l'équation *borli-* « année » < *púruli-*[719].

---

[707] Cfr (par exemple) MELCHERT 1993a, p. 245, sur le traitement hitt. de */e/ devant la nasale dentale.

[708] Cfr OETTINGER 1978, p. 87.

[709] Cfr OETTINGER 1979, p. 344.

[710] Pour être plus précis, sonorisation (lénition ?) en a. c. des occlusives sourdes entre voyelles inaccentuées : cfr *supra* §§ 4.3.1.1.3 et 3.3.2.1.3.1 + note 363.

[711] Cfr MELCHERT 1992a, p. 48.

[712] Cfr CARRUBA 1963, p. 14 ; *LW,* p. 120 ; OETTINGER 1979, p. 345 ; MELCHERT 1992a, p. 48 ;...

[713] MELCHERT 1992a, p. 48.

[714] Ainsi *kars-* « couper » < *kérs-, *pars-* « voler » < *pérs-*,... Cfr MELCHERT 1994a, pp. 136-137 (avec références).

[715] Le « labial umlaut » (pré-lydien *a > o* à proximité d'une labiale) de MELCHERT 1992a, p. 48 note 28, complétant une proposition d'EICHNER 1986a, p. 21, ne nous satisfait pas.

[716] Cfr OETTINGER 1979, p. 345 ; LIV², p. 201.

[717] *R > hitt. aR : cfr MELCHERT 1994a, p. 125.

[718] Cfr *asturko-* (substantif de sens obscur) à côté de *astrko-.* Au sujet de la voyelle épenthétique *u* du lydien, cfr *supra* § 3.1.3.2.

[719] Cfr *supra* § 3.1.1.2.2.2.

4.3.2.3   *Les suffixes dénominatifs*

4.3.2.3.1   **-eh₂-*

H. C. Melchert[720] émet l'hypothèse qu'une série de verbes qui présentent à la 3ème pers. sing. (+ plur. ?). du présent-futur la finale -*at* sont des dénominatifs : l'un des exemples les plus frappants qu'il fournit, sur une proposition de R. Gusmani[721], est *fẽt-wintat*[722] (sens obscur) qui doit certainement dériver du nom *winta-* (sens obscur ; son nom. animé sing. *wintaś* est attesté en LW 23₂). Ce verbe est malheureusement le seul qui montre clairement sa fonction dénominative. On peut toutefois la supposer dans des formes verbales comme *ẽn-sarbtat*, où *sarbta-* ne semble pas, en raison de sa structure dissyllabique, être une racine verbale ; par contre, il pourrait provenir d'un thème nominal en **-to-* (*idem* pour *winta-* < **winVta-*). H. C. Melchert fait remonter les finales -*at* à **-á-ti* < **-éh₂-ti* (**-eh₂-* > hittite -*aḫḫ-* : par exemple, *idālawaḫḫ-* « faire du mal », dérivé de *idālu-* « mauvais, méchant ») : rien ne semble contredire cette interprétation[723]. H. C. Melchert[724] envisage aussi l'utilisation de ce suffixe **-eh₂-* dans le verbe *taqtulāt* (sens indéterminé). Le nombre de ses syllabes semble indiquer qu'il s'agit d'un dénominatif. Sa finale -*āt* semble remonter à une troisième personne du pluriel[725] : -*āt* < **-ánt* < **-ánti* < **-éh₂Vnti*. Le fait que le sujet de ce verbe soit au nom. plur. animé semble indiquer que cette analyse est aussi valable au niveau synchronique.

4.3.2.3.2   **-ye/o-*

D'après une suggestion de R. Gusmani[726], H. C. Melchert explique *sawtarid* (3ème pers. sing. (+ plur. ?) présent-futur de *sawtari-* « protéger, garder » *vel sim.*) comme le dénominatif de *sawtaar-* « protecteur » *vel sim.*[727]. Le savant ajoute que les verbes dont 3ème pers. sing. (+ plur. ?). du présent-futur finit en -*okid* (*katsarlokid* « anéantir (?), maudire (?) », *kabrdokid* (sens obscur)[728] et *warbtokid* « punir » *vel sim.*) pourraient être des dénominatifs de noms en -*oka-* (*aλtoka-* (sens obscur) et *saroka-* (sens obscur)).

---

[720] Cfr MELCHERT 1992a, pp. 44-45.

[721] Cfr *LWErg*, p. 108.

[722] *fẽt-* est un groupe de préfixes à décomposer en *f(a)-* et -*ẽt-*.

[723] Comme le souligne MELCHERT 1992a, p. 45, le passage **-éh₂-* > **-á-* a dû se produire après le voisement (lénition ?) des occlusives qui suivaient des voyelles longues accentuées en a. c. (une des lois de lénition d'Eichner ; cfr *supra* § 3.3.2.1.3.1 + note 362). Le lycien permet d'illustrer ce fait : par exemple, *prñnawa-* « construire, édifier », dérivé en **-eh₂-* de *prñnawa-* « mausolée, édicule (funéraire) » présente aux 3èmes pers. sing. du présent et du prétérit les désinences, respectivement, -*ti* et -*te/-tẽ* (et non **-*di* et **-*de/-dẽ*).

[724] Cfr MELCHERT 1992a, p. 40.

[725] Cfr *supra* § 4.3.1.1.3.

[726] Cfr *LW*, p. 193.

[727] Nom d'agent en -*taar-* (p.-i.-e. **-tor-*) de la racine verbale *saw-* < **sekʷ-*.

[728] « Voler, ravir » selon H. C. Melchert (sur une idée de M. Weiss, *apud* OETTINGER 1995b, p. 45) qui pose comme base dérivationnelle **kabrdoka-* « vol », abstrait peut-être formé sur le nom de la souris (cfr hitt. [(PÉŠ)]*kapirt-* et, sur le plan sémantique, all. « mausen »).

Toutes ces 3èmes pers. du présent-futur illustreraient l'emploi en lydien du suffixe dénominatif *-ye/o-[729] (cfr hitt. *sēhur(i)ya-* « uriner » de *sēhur* « urine ») : -id pourrait donc provenir de *-ye-ti* ; il faut cependant remarquer que si le passage *e > i* après *y* (après consonne tautosyllabique) est régulier[730], la transformation de *-ti > *-di > *-d* impliquerait que le suffixe est inaccentué[731], situation que H. C. Melchert explique comme une analogie au type *(fa-kat-)wãmid*[732].

4.3.2.3.3   *-e-ye/o-*

H. C. Melchert a montré que certaines formes en *-ed* pourraient représenter des « causatifs-itératifs » en *-éye-ti*[733]. S'aidant de cette théorie, il tente d'interpréter *qisred* (sens obscur) qui n'est manifestement pas un « causatif-itératif » de structure « racine à vocalisme *o* + *-eye/o-* » ; la forme du thème incite plutôt à penser à un dérivé en *-e-ye/o-* d'un nom (non attesté) en *-ro-*. Il se sent conforté dans son hypothèse par la 1ère pers. sing. du prétérit *qisredv* : *-edv < *-édon*[734] < *-éyom*. H. C. Melchert ajoute *kataλres* (sens obscur) à la liste des dénominatifs en *-eye-* ; il pourrait s'agir d'une 2ème pers. sing. du présent-futur[735] ; il semble assez probable que cette forme doive être décomposée en *kat-s/śaλres*, et que derrière *-s/śaλre-* se cache un nom, mais il est impossible d'en dire plus. Notons enfin que *-ed < *-éyedi*[736] (lois de lénition d'Eichner)[737] < *-éye-ti* et *-edv* (syncope[738]) < *-edon < *-éyom* impliquent un suffixe « anormalement » accentué (pour un dénominatif *-é-ye-* (au lieu de **-e-yé/ó-*). H. C. Melchert invoque une rétraction d'accent due à une analogie aux déverbatifs « causatifs-itératifs » en *-éye-*[739].

4.3.2.3.4   *-eh₂-ye/o-*

Sur la base uniquement de leur aspect extérieur, H. C. Melchert[740] voit des dénominatifs dans *silawad* (« soigner » *vel sim.*), *(fa-)sitawad* (sens obscur), *arśamawad* (sens obscur), *kibτad* (sens obscur) et *tarbτad* (sens obscur) : les noms dont ils dériveraient présenteraient des thèmes en *-wo- > -wa-* (cfr *śfarwa-* « votum ») et en *-tyo- > -τa-* (cfr *armτa-* « de Arma (divinité) »). Le *a* de la finale (3ème pers. du présent-futur) *-ad* rappelle les dénominatifs en *-at < *-éh₂-ti*, mais le *d* qu'on y voit invite à chercher dans une autre direction : H. C. Melchert pense à une suffixation *-eh₂-ye/o-* (cfr

---

[729] Identification pour ces formes du suffixe *-ye-* (sans autres précisions) déjà dans OETTINGER 1978, p. 88.

[730] Cfr *supra* § 3.1.1.2.2.4.

[731] Voisement (lénition ?) des occlusives entre deux voyelles inaccentuées en a. c. (une des lois de lénition d'Eichner ; cfr *supra* § 3.3.2.1.3.1 + note 363).

[732] Cfr *infra* § 4.3.2.2.

[733] Cfr *infra* § 4.3.2.4.4.

[734] Cfr *supra* § 3.3.2.2.2.4 sur le sort du *yod* en lydien.

[735] Cfr *supra* § 4.3.1.1.2.

[736] Sur les détails du passage *-eye- > -e-* et les questions qu'il suscite, cfr *supra* § 3.3.2.2.2.4.

[737] Cfr *supra* §§ 4.3.1.1.3 et 3.3.2.1.3.1 + note 363.

[738] Cfr *supra* § 3.1.3.1.1.

[739] Cfr *infra* § 4.3.2.4.4.

[740] Cfr MELCHERT 1992a, pp. 50-51.

les dénominatifs hittites en -ā(i)-, comme kutruwā(i)- « se justifier par le témoignage » tiré de kutruwa- « témoin ») ; il pose comme première étape *-éh₂-ye-ti > *-áyedi, avec application d'une des lois de lénition d'Eichner[741]. Le suffixe *-áye serait ensuite devenu -a-[742]. Notons une fois de plus l'irrégularité de l'accent que cette reconstruction implique (*-éh₂-ye-ti au lieu de **-eh₂-yé-ti). H. C. Melchert explique ce fait par une analogie avec les dénominatifs en -éh₂-.

4.3.2.4   Les suffixes déverbatifs

4.3.2.4.1   « Duratif » *-enna/i- (< *-enh₂a/i-)

En se fondant sur l'observation de formes verbales à la 3ème pers. du présent-futur telles que sawẽnt (« il(s) voi(en)t, il(s) connaît (connaissent) »[743]), (wc-)baqẽnt (« il(s) anéanti(ssen)t » vel sim.) et cẽnt (« il(s) consacre(nt), il(s) dédie(nt) »), H. C. Melchert[744] envisage l'existence d'un suffixe de type *-V́nnV-. Or, les racines auxquelles s'ajoute ce suffixe sont vraisemblablement verbales (saw < *sekʷ- « voir » ; selon l'auteur, baq- < *PaKw- en relation avec hittite pakku(ss)- « broyer, piler » ; cẽnt est sûrement dérivé de ca- « dédier, consacrer »). Il en déduit que le suffixe *-V́nnV- doit être lié au suffixe « duratif » hitt. -anna/i-[745]. Le chercheur américain pose donc -énni-ti > -ẽnt. Il conforte son identification en faisant remarquer que la présence du i à la fin du suffixe est utile pour interpréter la 1ère pers. sing. du prét. inãnidv « j'ai fait » de inãni- (inãnt est aussi attesté) où *-énni- dérive ina- « faire »[746] : *iná-enni-om ou *inã-énni-om (reconstructions virtuelles) > *inániyom > *inánidon > inãnidv.

Les formes verbales portant ce suffixe sont aussi attestées à la 1ère pers. sing. du présent-futur et à la troisième pers. du prétérit. Le premier cas est illustré par cẽnu : si l'on fait abstraction de la racine, problématique, -ẽnu < *-énniw (syncope) < *-énniwi (apocope). Le second cas, la 3ème pers. du prétérit, est attestée dans la forme cẽnal. Cette dernière pose plus de difficultés : H. C. Melchert explique le a devant la désinence comme une voyelle épenthétique qui serait venue faciliter la prononciation de *cẽnl < *cẽnil (syncope). Ce scénario semble peu convaincant : les seules voyelles d'épenthèse « régulières » en lydien sont i et u[747]. Il convient dès lors de considérer le vocalisme a de la finale comme originel et de poser pour le lydien un suffixe -ẽna/i-, comparable au hitt. -anna/i-[748]. Nous estimons ainsi qu'il existe une possibilité pour envisager *-ẽnat derrière les finales -ẽnt de sawẽnt, wcbaqẽnt, ...[749]

---

[741] Cfr supra §§ 4.3.1.1.3 et 3.3.2.1.3.1 + note 363.

[742] Sur *-áye > -a-, cfr supra § 3.3.2.2.2.4.

[743] Interprétation de CARRUBA 1969, pp. 51-52.

[744] Cfr MELCHERT 1992a, pp. 40-43.

[745] Cfr MELCHERT 1984, pp. 115-117 (avec références).

[746] Cfr infra § 4.3.2.4.2.

[747] Cfr supra § 3.1.3.2.

[748] Avec MELCHERT (communication personnelle).

[749] Cfr RIKOV 2001, p. 589.

4.3.2.4.2   *-neh₂-

H. C. Melchert[750] voit l'intervention de ce suffixe dans les formes *int* et *inal/inl*, respectivement 3ᵉᵐᵉ pers. du présent-futur et 3ᵉᵐᵉ pers. du prétérit. Comme le fait remarquer l'auteur, les syncopes qui interviennent dans les deux formes (*int* < **inat* et *inl* < **inal*) plaident pour une accentuation sur la première syllabe ; H. C. Melchert ne possède pas d'explication pour cette rétraction d'accent (il ne fait en effet aucun doute qu'à l'origine, **-néh₂-* portait l'accent). Nous ne sommes cependant pas d'accord avec lui pour considérer *a* de *inal* comme une voyelle purement épenthétique, qui aurait accidentellement le même timbre que la voyelle originelle. Comme nous l'avons souligné dans le point précédent, il nous semble que les seules voyelles d'épenthèse attestées en lydien sont *i* et *u* ; d'un autre côté, il est possible d'imaginer d'autres explications à cette coexistence *inal/inl* : se pourrait-il que les syncopes en dernière syllabe n'aient pas été systématiques (cfr *alarmaś* et *alarmś*) ? Y aurait-il eu analogie intra-paradigmatique (avec, par exemple, **inawv* « nous faisons »...)[751] ?

4.3.2.4.3   « Causatif » *-neu-

Le suffixe *-no-/-vo-* que l'on rencontre dans les formes verbales *kasnod, umvod, trfnod* et *fasvo[d]*, toutes de sens obscur, a souvent été identifié avec le suffixe causatif p.-i.-e. **-néu-/-nu-*[752]. N. Oettinger[753] pense que le lydien partage avec les langues louviques une innovation qui consiste dans le remplacement de **-nu* (< **-néu-* et **-nu-*) par **-nu-o-* (**-nu-* « thématisé » en raison de mauvaises coupures dans des formes comme, par ex., **-nu-ónti*, 3ᵉᵐᵉ pers. plur. du prés.) > louv. cun. et hiér. *-nuwa-* et lyc. *-nuwe-* (le hitt. par contre a conservé *-nu* < **-néu-* et **-nu-*). Bien que le développement **-nu-o-* > **-nuwo-* > **-nwo-* > *-no-* soit envisageable en lydien, il existe une solution plus satisfaisante, dont la paternité revient à H. C. Melchert[754] : il est en effet possible que **eu* donne *o* en lydien[755] ; **-néu-* pourrait donc se développer en *-no-* ; cette hypothèse aurait le mérite d'expliquer pourquoi la désinence de la 3ᵉᵐᵉ pers. du prés. est *-d* : cette désinence serait le témoin de la lénition des occlusives en a. c. après voyelles longues ou diphtongues accentuées[756].

4.3.2.4.4   « Causatifs-itératifs » en **-eye/o-* + degré *o* radical

H. C. Melchert interprète les 3ᵉᵐᵉˢ pers. du présent-futur *fa-karsed* (*fa-karse-* « détruire » *vel sim.* ; cfr hitt. *kars-* « couper ») et *katared* < **kat-śared* (**kat-śare-* « protéger » *vel sim.* ; cfr av. *(ni-)har-* « garder ») comme des « itératifs-causatifs » en *-éye-* : d'une part, la désinence *-ed* pourrait provenir de *-éye-ti* : **-éye-ti* > **-éye-di* (lois

---

[750] Cfr MELCHERT 1992a, p. 42.

[751] Sur le problème des syncopes, cfr *supra* § 3.1.3.1.1.

[752] Cfr déjà *LW*, p. 177.

[753] Cfr OETTINGER 1978, p. 89.

[754] Cfr MELCHERT 1992a, p. 52.

[755] Cfr *supra* § 3.1.2.2.2.

[756] Une des lois d'Eichner ; cfr *supra* § 3.3.2.1.3.1 + note 362.

de lénition d'Eichner)[757] explique le -d de la désinence -ed et *-eye- devient -e-[758] ; d'autre part, le a du radical lydien peut venir d'un *o[759] (cfr hittite *wassezzi* « il habille » < *wos-éye-ti).

4.3.3 Morphologie compositionnelle

4.3.3.1   *Tableau récapitulatif des préverbes les mieux assurés*

Préverbe	Étymologie et signification théorique
kat-	< *kata* « en dessous »
is-	< *ek̂s* « en dehors de »[760]
fa-	< *pe* « vers (en s'éloignant) »
ět-	< *endo* « à l'intérieur »
kan-	< *k̂om* « avec »
ěn-	< *en* « dans »
da-	< *do* (?) « vers »
wc-	< *uds* (?) « en haut »[761]

4.3.3.2   *Remarques générales sur les préverbes*

4.3.3.2.1   Accumulation de préverbes

Les préverbes peuvent s'accumuler à l'initiale d'une forme verbale. Dans les cas les plus assurés, le nombre d'éléments n'excède pas deux et *fa-* en est toujours le premier. Notons que ce préverbe s'élide (*f-*) si celui qui le suit commence par une voyelle.

Le verbe qui permettrait d'illustrer ce point au mieux est sans nul doute *tro-* (apparaît quelquefois sous la forme *tor-*[762]) qui doit signifier « accorder, concéder » *vel sim.* : à côté des cas où le verbe apparaît dans sa forme « pure » (deux attestations : LW 10_5 et 10_6) ou accompagné d'un seul préverbe (*fa-, kan-, ěn-* et *is-*), on retrouve le verbe précédé de *fa-kan-, f(a)-ěn-* et *f(a)-is-*.

---

[757] Cfr *supra* §§ 4.3.1.1.3 et 3.3.2.1.3.1 + note 363.

[758] Sur la problématique de *-eye- > -e-*, cfr *supra* § 3.3.2.2.2.4 et MELCHERT 1994a, p. 377.

[759] Cfr *supra* § 3.1.1.2.2.3.

[760] Cfr MELCHERT 1992a : chute du *k̂* dans le groupe consonantique, entraînant un allongement compensatoire de *e* ; *ē* serait ensuite naturellement devenu i. H. C. MELCHERT (communication personnelle) nous fait remarquer que cette étymologie renforce l'hypothèse d'une parenté entre le préverbe et la préposition *ist* (cfr MERIGGI 1935, p. 99, suivi notamment par *LW*, p. 137). En effet, le sens de cette dernière, à savoir « auprès de » (= aram. *'l* « sur, au-dessus de ; contre, auprès de » dans la bilingue LW 1 : cfr KAHLE, SOMMER 1927, pp. 36-37), d'où « dans, à » (cfr « in » dans *LW, s. v. ist*), pourrait dériver de « *en dehors de* ». Nous ne suivrons pas SCHÜRR 2000b, p. 126, qui refuse l'éventualité que *ist* revête le sens « dans, à » : un glissement sémantique de « à côté de, auprès de » à « à, dans » est envisageable.

[761] Cfr *supra* § 3.3.1.3.

[762] Cfr *supra* § 3.1.3.3.

4.3.3.2.2   Nuances sémantiques apportées par les préverbes

Notre connaissance du lexique lydien est d'une manière générale fort approximative, le sens des mots étant, la majeure partie du temps, conjecturé (à partir du contexte, d'une racine commune...) plutôt que connu de manière sûre. Cette situation est particulièrement frappante dans l'emploi des préverbes : on en arrive à attribuer à *ca-*, *da-ca-*, *f-ẽn-ca-* et *kan-ca-* le sens de « consacrer, dédier »[763], sans pouvoir préciser les nuances, qui, à n'en point douter, devaient exister. Rares sont les cas où l'on peut comprendre le jeu des préverbes : nous ne citerons qu'un seul exemple, avancé par R. Gusmani[764] : si *fa-śfẽn-* signifie « posséder », *fa-kan-śfẽn-* devrait être rendu par « attribuer » ; pour le savant italien, le préverbe *kan-* implique le sens de l'aliénation dans d'autres formes verbales, comme, par exemple, *kan-tro-* « confier ».

4.3.4 Les formes nominales du verbe

4.3.4.1   *Les participes*

Deux types de participes sont généralement reconnus ; le premier est caractérisé par des finales qui rappellent les participes présents actifs en **-nt-* des langues indo-européennes. L'exemple unanimement cité est l'hapax *laλẽnś* (LW 10_{11}), au nom. animé sing. d'un verbe de discours[765]. Nous devons cependant admettre que la finale *-ẽnś*, avec sa nasale préservée, fait difficulté[766].

Un complément d'information pourrait provenir de formes généralement classées parmi les noms. La première que nous citerons est *sarẽtaś* (nom. animé sing. ; sens approximatif de « protecteur » ; deux attestations : LW 3_4 et 50_7). Certains éléments nous incitent à penser qu'il pourrait s'agir d'un ancien participe[767] : tout d'abord, comme l'a bien perçu H. C. Melchert[768], cette forme présenterait un radical verbal *sar-* < **ser-* que l'on retrouverait dans *kaτare-* « protéger » *vel sim.* = **kat-śare-*[769]. D'autre part, il n'y a aucune difficulté à imaginer que *-ẽt-* soit issu de **-e/ont-*. Il faudrait toutefois supposer que ce participe a été thématisé à un moment donné : c'est la seule manière, à notre avis, d'expliquer le *a* entre la désinence et le suffixe (*sarẽtaś* < **ser-e/ont-o-s*).

Dẽt- « bien, fortune » a longtemps été suspecté de représenter, lui aussi, un ancien participe en *-nt-*[770]. L'étymologie la plus vraisemblable est, selon nous, celle de H. C.

---

[763] Cfr *LW*, (respectivement) p. 87 ; p. 95 ; p. 124 ; p. 142.

[764] GUSMANI 1975d, p. 166.

[765] Cfr *LW*, p. 158 *s. v. laλẽ-* (avec références).

[766] Sur sa débilité, cfr *supra* § 3.3.2.2.1. Nous pensons cependant que *śfardẽnτ*, nom. plur. com. de *śfardẽt(i)-* « de Sardes » (cfr *infra* note 766), constitue un parallélisme intéressant : quelle place joue la fricative (τ) ou l'affriquée (ś) dans le développement / le maintien de *n* dans le suffixe **-nt-* ?

[767] Cfr déjà BRANDENSTEIN 1931, p. 86 et CARRUBA 1960, p. 57 : *sarẽta-* = « protégeant, protecteur ».

[768] MELCHERT 1992a, p. 47.

[769] Cfr *supra* § 4.3.2.4.4.

[770] Cfr *LW*, *s. v. dẽt-* (avec références).

Melchert[771] : *$h_1$yé/ónt- de *$h_1$ei- « aller » (d'où idée de « (bien) mobilier »). Le genre de ce substantif fait difficulté ; dẽt- est à la fois attesté au genre animé (nom. sing. dẽt[772], acc. sing. dẽtn[773]) et inanimé (dẽt nom.-acc. sing.[774]). Il est possible que le genre originel de ce nom soit l'animé (cfr hitt. [UDU]iyant- « mouton ») mais qu'il ait été traité secondairement comme un inanimé parce que sa flexion ne correspond plus à celle des animés ; seulement, il est peu concevable que la finale °t de dẽt soit directement issue de *°ts (nous attendrions plus volontiers **c[775])[776]. Une autre possibilité, plus acceptable, serait que dẽt représente un ancien collectif pluriel en *-nt-h_2, qui, après la chute de la laryngale finale, a été traité comme un singulier[777].

4.3.4.2   Infinitif

On reconnaît généralement l'existence d'infinitifs caractérisés par la terminaison -l[778]. Les cas les plus vraisemblables sont arwol « s'approprier » vel sim. (LW 2$_9$)[779], complément de dctdid (sens obscur) (LW 2$_8$), sawwaśtal « conserver (?) » (LW 24$_{21}$)[780], de kantoru « j'accorde » (LW 24$_{21}$)[781] et peut-être ifrol (sens obscur) (LW 11$_{11}$), de fakorfid (sens obscur) (LW 11$_{11}$)[782].

Une fois encore, le lydien se démarque des autres langues anatoliennes, qui mettent en jeu des noms verbaux en *-w$\underline{r}$/-wen (palaïte et louvite -una < *-unō, hitt. -wanzi) et *-āt$\underline{r}$/-ātn- (lyc. -Vne, hitt. -ānna < *-ātnō). Le -l de l'infinitif n'a pas encore

[771] Cfr MELCHERT 1994b, pp. 186-187.

[772] Voir par exemple LW 22$_{21-22}$ ak-mλ [aλaś] nid qisk dẽt ifrlis que MELCHERT 1994b, p. 187, traduit : « Let there be to him (= let him have) no other property to be confiscated (?) ».

[773] dẽtn ẽmv (« mon bien ») en LW 24$_{20}$, complément direct de faśfẽnu (« je possède ») LW 24$_{19}$.

[774] Par exemple, dẽt en LW 54$_4$, auquel se rapporte qig < *qid-k (nom.-acc. inanimé sing.) (cfr supra 4.2.2.5.1).

[775] Cfr ardẽc (LW 3$_2$), si ce mot, qui est vraisemblablement construit sur dẽt (LW, s. v. ardẽc), doit être décomposé en ardẽt + particule emphatique et réflexive -ś (cfr MELCHERT 1991, pp. 134-135).

[776] Contra MELCHERT 1994b, p. 186.

[777] H. C. MELCHERT (communication personnelle).

[778] Cfr notamment LW, p. 44 ; HEUBECK 1969, p. 415.

[779] Cfr CARRUBA 1960, p. 54 ; HEUBECK 1969, p. 415. Contra SCHÜRR 1997, p. 202 note 3 et SCHÜRR 2000b, p. 126, qui considère arwol comme la forme sans finale d'un adjectif possessif en -li- (il se rapporterait à l'acc. pl. animé karolaś). LW, p. 65, sans rejetter la possibilité d'un infinitif, considère arwol comme un participe.

[780] Cfr MERIGGI 1935, p. 74 ; GUSMANI 1960a, p. 286 ; HEUBECK 1969, p. 415.

[781] Le cas de fak[-]ṇal (sens obscur) (LW 24$_5$) est plus problématique : d'aucuns (cfr GUSMANI 1960a, p. 286 ; LW, p. 120 ; HEUBECK 1969, p. 415) le considèrent comme un infinitif en dépendance de dãv (LW 24$_4$), censé être une forme verbale à la 1ère sing. prét. Nous estimons cependant, avec VETTER 1959, p. 44 et MELCHERT 1997, pp. 35-38, que cette analyse est douteuse et qu'il faudrait plutôt y voir une postposition (dont dépendrait le pronom 1ère pers. sing. au datif amu), fak[-]ṇal devant être dans ce cas interprété comme un prétérit 3ème pers.

[782] Cfr MELCHERT 1997, p. 42 (ifrol qis fakorfid « The one who tries/dares to seize (?)... ») ; et EICHNER 1993, p. 126. Quel que soit son sens exact, le syntagme ifrol ... fakorfid doit désigner une action négative.

reçu d'explication satisfaisante. L'arménien classique peut toutefois apporter un éclairage intéressant : il existe en effet un infinif en -*l* (*berel* « porter ») à côté d'un part. en -*eal* qui peut intervenir dans la formation d'un prétérit périphrastique (*nora bereal ê* « il a porté »)[783]. Se pourrait-il que l'infinitif lydien, à l'instar de celui de l'arm., tire son origine du part. (< *-*lo*-) substantivé au neutre[784] ? Nous ne pouvons enfin exclure la possibilité d'un nom verbal en *-*l/-n-*[785], ou encore en *-*d^h/tlo-*[786].

---

[783] Cfr *supra* § 4.3.1.2.2.

[784] KLINGENSCHMITT 1982, pp. 57-58. En ce qui concerne le lydien, -*l* pourrait représenter le nom.-acc. neutre sing. d'un part. en *-*lo*-, si ce dernier a été muni de la « *i*-Mutation » au cours de son histoire (cfr *supra* § 4.1.2.5).

[785] L. ISEBAERT (communication personnelle).

[786] H. C. MELCHERT (communication personnelle).

5 Conclusion

Le lydien n'est plus cette langue énigmatique que l'on essayait d'apparenter à des parlers caucasiens ou à l'étrusque. Tout au long de notre parcours, nous avons pu constater que de nombreux éléments de sa phonétique et de sa morphologie s'expliquent aisément si on le compare aux langues indo-européennes et, plus précisément, au groupe anatolien. Ce dernier rattachement constitue un véritable bouleversement dans la vision que l'on avait de l'Ouest anatolien jusqu'au début du siècle dernier : le déchiffrement du hittite en 1915 a permis aux chercheurs de dépasser le carcan « hellénocentrique » et de placer le monde lydien dans des perspectives plus larges, plus réalistes.

De nombreux points restent toutefois obscurs ou doivent encore être étayés ; sans vouloir dresser un bilan exhaustif, nous citerons, pour la phonétique, l'origine de *o,* des voyelles nasales, de *c*, de *τ,* de *λ*, de *d,* le traitement des occlusives, etc. En ce qui concerne la morphologie nominale, soulignons les problématiques des formes « sans finale », des adjectifs d'appartenance en *-li-,* du sort du génitif, des cas du pluriel, etc. La morphologie verbale, quant à elle, est sans nul doute le domaine qui reste plus que les autres une *terra incognita* : les participes, l'origine des prétérits troisième personne du sing. et des infinitifs, la distinction entre singulier et pluriel aux troisièmes personnes du présent et du prétérit... Notre connaissance des domaines qui n'ont pas été abordés dans cette étude (lexique et syntaxe) est tout aussi, sinon plus, lacunaire.

Comment pouvons-nous espérer résoudre ces multiples difficultés ? Quelles seraient les conditions optimales pour le développement des études lydiennes ? La nature du corpus est le facteur le plus déterminant pour expliquer les difficultés rencontrées par les philologues : pour faire progresser notre connaissance de manière significative, il faudrait davantage de bilingues (ou multilingues), et de textes longs, de genres variés, bien conservés... Mais ce type de découverte est malheureusement aléatoire et, peut-être même, improbable. Si nos moyens d'action sont relativement limités au niveau de l'amélioration qualitative et quantitative du corpus, nous pouvons intervenir sur un autre terrain, celui des méthodes. La stratégie la plus efficace consiste, nous semble-t-il, à multiplier et croiser les méthodes. Plus concrètement, nous entrevoyons une procédure en trois étapes : il y aurait, dans un premier temps, une collecte des informations par les techniques élémentaires de déchiffrement (nous pensons particulièrement à la méthode combinatoire) ; cette collecte serait suivie d'une tentative d'explication ; viendrait enfin le moment de confronter cette première hypothèse avec les données anatoliennes et indo-européennes. L'ordre de ces étapes est capital ; il est dangereux de prendre comme point de départ les langues anatoliennes et indo-européennes et de chercher des confirmations dans la langue lydienne : en agissant ainsi, on prend le risque de négliger ce qui est particulier au lydien, ce qui fait son essence.

6 Bibliographie

ADIEGO 1992 =   I.-J. ADIEGO, *Recherches cariennes: essai d'amélioration du système de J. D. Ray. Avec un appendice (New Values in Carian) par John D. Ray*, dans *Kadmos*, XXXI/1 (1992), pp. 25-42.

ADIEGO 1998 =   I.-J. ADIEGO, *Die neue Bilingue von Kaunos und das Problem des karischen Alphabets*, dans *Kadmos*, XXXVII (1998), pp. 57-79.

ADIEGO 2001 =   I.-J. ADIEGO, *Lenición y acento en protoanatolico*, dans O. CARRUBA, W. MEID (éd.), *Anatolisch und Indogermanisch. Akten des Kolloquiums der Indogermanischen Gesellschaft. Pavia, 22.–25. September 1998* (*IBS. Hauptreihe*, 100), Innsbruck, 2001, pp. 11-18.

ARBEITMAN 1973 =   Y. ARBEITMAN, *The Hittite Multifarious Brood of *dhē*, dans *RHA*, 31 (1973), pp. 101-105.

ASNP =   *Annali della scuola normale superiore di Pisa. Classe di lettere e filosofia*, Pisa.

BADER 1988 =   F. BADER, *La particule hittite san*, dans Y. L. ARBEITMAN (éd.), *A Linguistic Happening in Memory of Ben Schwartz* (*BCILL*, 42), Louvain-la-Neuve, 1988, pp. 49-97.

BAKIR, GUSMANI 1993 =   T. BAKIR, R. GUSMANI, *Graffiti aus Daskyleion*, dans *Kadmos*, XXXII/2 (1993), pp. 135-144.

BARNETT 1969 =   R. D. BARNETT, *A New Inscribed Lydian Seal*, dans *Athenaeum*, N. S. XLVII (1969), pp. 21-24.

BROWNE 2000 =   G. M. BROWNE, *A New Lydian Text*, dans *Kadmos*, XXXIX/2 (2000), pp. 177-178.

BCILL =   *Bibliothèque des Cahiers de l'Institut de Linguistique de Louvain*, Louvain-la-Neuve.

BiOr =   *Bibliotheca Orientalis*, Leiden.

BOSSERT 1944 =   H. T. BOSSERT, *Ein hethitisches Königssiegel* (*Istanbuler Forschungen*, 17), Berlin, 1944.

BRANDENSTEIN 1931 =   W. BRANDENSTEIN, *Die Nominalformen des Lydischen*, dans *Caucasica*, 9 (1931), pp. 25-40.

BSL =   *Bulletin de la Société de linguistique de Paris*, Paris.

BUCKLER 1924 =   W. H. BUCKLER, *Sardis*, VI, *Lydian Inscriptions*, II, Leiden, 1924.

DEETERS 1927 =   L. BÜRCHNER, G. DEETERS, J. KEIL, *Lydia*, dans *Paulys Real-encyclopädie der classischen Altertumswissenschaft*, 13/26, 1927, col. 2122-2161.

CARRUBA 1959 =   O. CARRUBA, *Studi sul nome, sui preverbi e sulle particelle in lidio*, dans *Quaderni dell'Istituto di Glottologia dell'Università di Bologna*, 4 (1959), pp. 13-43.

CARRUBA 1960 = O. CARRUBA, *Studi sul verbo lidio*, dans *Athenaeum*, N. S. XXXVIII (1960), pp. 26-64.

CARRUBA 1961 = O. CARRUBA, *Lydisch und Lyder*, dans *Mitteilungen des Instituts für Orientforschung*, 8 (1961), pp. 383-408.

CARRUBA 1968 = O. CARRUBA, *Die I. und II. Pers. Plur. im Luwischen und im Lykischen*, dans *Die Sprache*, 14/1 (1968), pp. 13-23.

CARRUBA 1969a = O. CARRUBA, *Zur Grammatik des Lydischen*, dans *Athenaeum*, N. S. XLVII (1969), pp. 39-83.

CARRUBA 1969b = O. CARRUBA, *Die satzeinleitenden Partikeln in den indogermanischen Sprachen Anatoliens* (*Incunabula Graeca*, XXXII), Roma, 1969.

CARRUBA 1978 = O. CARRUBA, *La scrittura licia*, dans *ASNP*, ser. III, vol. VIII/3 (1978), pp. 849-867.

CHANTRAINE 1933 = P. CHANTRAINE, *La formation des noms en grec ancien* (*Collection linguistique publiée par la Société de Linguistique de Paris*, XXXVIII), Paris, 1933.

COOK 1917 = S. A. COOK, *A Lydian-Aramaic Bilingual*, dans *JHSt*, XXXVII (1917), pp. 77-87 ; 219-231.

ČOP 1955 = B. ČOP, *Notes d'étymologie et de grammaire hittites. 1° ḫu̯ek-, ḫuk-. 2° ḫu̯ek- II*, dans *RHA*, 13/57 (1955), pp. 63-71.

ČOP 1970 = B. ČOP, *Eine luwische orthographisch-phonetische Regel*, dans *IF*, 75 (1970), 85-96.

CUNY 1921 = A. CUNY, *L'inscription lydo-araméenne de Sardes II*, dans *REA*, XXIII (1921), pp. 1-27.

DANIELSSON 1917 = O. A. DANIELSSON, *Zu den lydischen Inschriften* (*Skrifter utgifna af Kungl. Humanistiska Vetenskaps-Samfundet i Uppsala*, 20/2), Uppsala - Leipzig, 1917.

EICHNER 1973 = H. EICHNER, *Die Etymologie von heth. mehur*, dans *MSS*, 31 (1973), pp. 53-107.

EICHNER 1975 = H. EICHNER, *Die Vorgeschichte des hethitischen Verbalsystems*, dans H. RIX (éd.), *Flexion und Wortbildung. Akten der V. Fachtagung der Indogermanischen Gesellschaft. Regensburg, 9.—14. September 1973*, Wiesbaden, 1975, pp. 71-103.

EICHNER 1980 = H. EICHNER, *Phonetik und Lautgesetz des Hethitischen – ein Weg zu ihrer Entschlüsselung*, dans M. MAYRHOFER, M. PETERS, O. E. PFEIFFER (éd.), *Lautgeschichte und Etymologie. Akten der VI. Fachtagung der Indogermanischen Gesellschaft. Wien, 24. – 29. September 1978*, Wiesbaden, 1980, pp. 120-165.

EICHNER 1981 = H. EICHNER, c. r. de R. GUSMANI, *Lydisches Wörterbuch, mit grammatischer Skizze und Inschriftensammlung : Ergänzungsband*, Lieferung 1, dans *Die Sprache*, 27 (1981), pp. 208-209.

EICHNER 1986a = H. EICHNER, *Die Akzentuation des Lydischen*, dans *Die Sprache*, 32 (1986), pp. 7-21.

EICHNER 1986b =   H. EICHNER, *Neue Wege im Lydischen I : Vokalnasalität vor Nasalkonsonanten*, dans *KZ*, 99/2 (1986), pp. 203-219.

EICHNER 1987 =   H. EICHNER, *Die Entdeckung des lydischen Akzents*, dans *BiOr*, XLIV/1-2 (1987), pp. 79-88.

EICHNER 1988 =   H. EICHNER, *Anatolisch und Trilaryngalismus*, dans A. BAMMESBERGER (éd.), *Die Laryngaltheorie und die Rekonstruktion des indogermanischen Laut- und Formensystems*, Heidelberg, 1988, pp. 123-151.

EICHNER 1993 =   H. EICHNER, *Probleme von Vers und Metrum in epichorischer Dichtung Altkleinasiens*, dans G. DOBESCH, G. REHRENBÖCK (éd.), *Ergänzungsbände zu den Tituli Asiae Minoris, 14, Die epigraphische und altertumskundliche Erforschung Kleinasiens : Hundert Jahre kleinasiatische Kommission der Österreichischen Akademie der Wissenschaften. Akten des Symposiums vom 23. bis 25. Oktober 1990 (Österreichische Akademie der Wissenschaften. Philosophisch-historische Klasse. Denkschriften, 236)*, Wien, 1993, pp. 97-169.

FRIEDRICH 1960 =   J. FRIEDRICH, *Hethitisches Elementarbuch, 1, Kurzgefaßte Grammatik (Indogermanische Bibliothek, 1. Reihe, Lehr- und Handbücher)*, Heidelberg, 1960².

GÉRARD 2003 =   R. GÉRARD, *Le nom des Lydiens à la lumière des sources anatoliennes*, dans Le Muséon, 116/1-2 (2003), pp. 4-6.

GÉRARD (à paraître) =   R. GÉRARD, *Quelques remarques autour de *y > lydien d*, dans *Res Antiquae*, 1 (2004) (à paraître).

GRUMACH 1933 =   E. GRUMACH, *Lydische Studien*, dans *Archiv für Orientforschung*, 9/4 (1933), pp. 187-198.

GUSMANI 1960a =   R. GUSMANI, *Studi lidi*, dans *RIL*, 94/II (1960), pp. 275-298.

GUSMANI 1960b =   R. GUSMANI, *Concordanze e discordanze nella flessione nominale del licio e del luvio*, dans *RIL*, 94 (1960), pp. 497-512.

GUSMANI 1961a =   R. GUSMANI, *Nuovi contributi lidi*, dans *RIL*, 95 (1961), pp. 173-200.

GUSMANI 1961b =   R. GUSMANI, c. r. d'A. HEUBECK, *Lydiaka*, dans *Kratylos*, VI/1 (1961), pp. 69-72.

GUSMANI 1965 =   R. GUSMANI *Sulle consonanti del Lidio*, dans *OA*, IV (1965), pp. 203-210.

GUSMANI 1969 =   R. GUSMANI, *Sul samekh lidio*, dans *Athenaeum*, N. S. XLVII (1969), pp. 136-143.

GUSMANI 1971 =   GUSMANI, *Lydisch -im « ich bin » ?*, dans *Die Spache*, 17/1 (1971), pp. 1-7.

GUSMANI 1972 =   R. GUSMANI, *Lydische Siegelaufschriften und Verbum Substantivum*, dans *Kadmos*, XI/1 (1972), pp.47-54.

GUSMANI 1975a =   R. GUSMANI, *Lydiaka*, dans *OA*, XIV (1975), pp. 265-274.

GUSMANI 1975b =   R. GUSMANI, *Neue epichorische Schriftzeugnisse aus Sardis (1958-1971) (Sardis Monograph, 3)*, Cambridge (Massachusetts), 1975.

GUSMANI 1975c =   R. GUSMANI, *Le iscrizioni poetiche lidie*, dans *Studi triestini di antichità in onore di L. A. Stella*, Trieste, 1975, pp. 255-270.

Gusmani 1975d =   R. Gusmani, *Zum Wandel *sw > śf im Lydischen*, dans *Die Sprache*, 21/2 (1975), pp. 166-173.

Gusmani 1975e =   R. Gusmani, *In margine alla trilingue licio-greco-aramaica di Xanthos*, dans *Incontri linguistici*, 2 (1975), pp. 61-75.

Gusmani 1976-1977 =   R. Gusmani, *Greco* ΠΕΠΑΜΑΙ, dans *Incontri linguistici*, 3/2 (1966-1967), pp. 167-168.

Gusmani 1978 =   R. Gusmani, *La scrittura lidia*, dans *ASNP*, ser. III, vol. VIII/3 (1978), pp. 833-847.

Gusmani 1981 =   R. Gusmani, *Zur Komparation des Lydischen*, dans *KZ*, 95/2 (1981), pp. 279-285.

Gusmani 1983 =   R. Gusmani, *Ein Weihrauchbrenner mit lydischer Inschrift im Metropolitan Museum*, dans *Kadmos*, XXII/1 (1983), pp. 56-61.

Gusmani 1986 =   Gusmani 1986, *Zur Lesung der lydischen inschrift aus Pergamon*, dans *Kadmos*, XXV/2 (1986), pp.155-161.

Gusmani 1988a =   R. Gusmani, *Anthroponymie in den lydischen Inschriften*, dans Y. L. Arbeitman (éd.), *A Linguistic Happening in Memory of Ben Schwartz* (*BCILL*, 42), Louvain-la-Neuve, 1988, pp. 179-196.

Gusmani 1988b =   R. Gusmani, *Zur lydischen Betonung*, dans *HS*, 101 (1988), pp. 244-248.

Gusmani 1995 =   R. Gusmani, *Zum Stand der Erforschung der lydischen Sprache*, dans E. Schwertheim, *Forschungen in Lydien* (*Asia Minor Studien*, 17), Bonn, 1995, pp. 9-19.

Hajnal 1995 =   I. Hajnal, *Der lykische Vokalismus. Methode und Erkenntnisse der vergleichenden anatolischen Sprachwissenschaft, angewandt auf das Vokalsystem einer Kleincorpussprache* (*Arbeiten aus der Abteilung „Vergleichende Sprachwissenschaft" Graz*, 10), Graz, 1995.

Hawkins, Morpurgo Davies 1975 =   J. D. Hawkins, A. Morpurgo Davies, *Hieroglyphic Hittite : Some new readings and their consequences*, dans *Journal of the Royal Asiatic Society*, 1975/2, pp. 121-133.

Hawkins 1988 =   D. Hawkins, *Tarkasnawa King of Mira. « Tarkondemos », Bogazköy sealings and Karabel*, dans *Anatolian Studies*, XLVIII (1998), pp. 1-31.

Haas 1962 =   O. Haas, *Zur lydischen Sprache*, dans *Die Sprache*, 8 (1962), pp. 169-202.

Hanfmann 1983 =   G. M. A. Hanfmann, *Lydian Society and Culture*, dans G. M. A. Hanfmann (éd.), *Sardis from Prehistoric to Roman Times. Results of the Archaeological Exploration of Sardis 1958-1975*, Cambridge (Massachusetts) - London, 1983, pp. 67-99.

Heubeck 1959 =   A. Heubeck, *Lydiaka* (*Erlanger Forschungen*, Reihe A, Band 9), Erlangen, 1959.

Heubeck 1963 =   A. Heubeck, *Vermutungen zum Plural des Lydischen*, dans *Orbis*, XII/2 (1963), pp. 537-550.

Heubeck 1965 =   A. Heubeck, *Kleinasiatisches. 4. Zu den Sibilanten im Lydischen und Lykischen*, dans *Die Sprache*, XI (1965), pp. 74-81.

Heubeck 1969 =   A. Heubeck, *Lydisch*, dans B. Spuler (éd.), *Handbuch der Orientalistik*, 1. Abteilung (B. Spuler (éd.)), *Der nahe und mittlere Osten*, 2. Band, *Keilschriftforschung und alte Geschichte Vorderasiens*, 1. und 2. Abschnitt, *Geschichte der Forschung, Sprache und Literatur*, Lieferung 2, *Altkleinasiatische Sprachen*, Leiden - Köln, 1969, pp. 397-427.

Heubeck 1978 =   A. Heubeck, *Überlegungen zur Entstehung der lydischen Schrift*, dans *Kadmos*, XVII/1 (1978), pp. 55-66.

Heubeck 1983 =   A. Heubeck, *Lydische Marginalien*, dans *Kadmos*, XXII/1 (1983), pp. 61-68.

HS =   *Historische Sprachforschung*, Göttingen.

IBS =   *Innsbrucker Beiträge zur Spachwissenschaft*, Innsbruck.

IF =   *Indogermanische Forschungen*, Berlin.

Innocente 1986 =   L. Innocente, *Licio* mẽtẽ, *lidio* mẽtlid : *una concordanza lessicale anatolica*, dans *Incontri linguistici*, 11 (1986), pp. 45-52.

Ivanov 2001 =   V. V. Ivanov, *Southern Anatolian and Northern Anatolian As Separate Indo-European Dialects and Anatolian As a Late Linguistic Zone*, dans R. Drews (éd.), *Greater Anatolia and the Indo-Hittite Language Family. Papers Presented at a Colloquium Hosted by the University of Richmond, March 18-19, 2000* (*Journal of Indo-European Studies. Monograph Series*, 38), Washington D. C., 2001, pp. 131-183.

Jasanoff 1988 =   J. Jasanoff, *The Sigmatic Aorist in Tocharian and Indo-European*, dans *Tocharian and Indo-European Studies*, 2 (1988), pp. 52-76.

Jasanoff 2003 =   J. H. Jasanoff, *Hittite and the Indo-European Verb*, Oxford, 2003.

JHSt =   *Journal of Hellenic Studies*, London.

Kahle, Sommer 1927 =   P. Kahle, F. Sommer, *Die lydisch-aramäische Bilingue*, dans *Kleinasiatische Forschungen*, 1/1 (1927), pp. 18-86.

Kaletsch 1999 =   H. Kaletsch, *Lydia*, dans H. Cancik, H. Schneider, *Der neue Pauly : Enzyklopädie der Antike*, 7, *Lef-Men*, Stuttgart - Weimar, 1999, col. 538-547.

Kammenhuber 1969 =   A. Kammenhuber, *Hethitisch, Palaisch, Luwisch und Hieroglyphenluwisch*, dans B. Spuler (éd.), *Handbuch der Orientalistik*, 1. Abteilung (B. Spuler (éd.)), *Der nahe und mittlere Osten*, 2. Band, *Keilschriftforschung und alte Geschichte Vorderasiens*, 1. und 2. Abschnitt, *Geschichte der Forschung, Sprache und Literatur*, Lieferung 2, *Altkleinasiatische Sprachen*, Leiden - Köln, 1969, pp. 119-357.

Kearns 1992 =   J. M. Kearns, *The Languages of Lydian Ionia*, Los Angeles, 1992.

Kearns 1994 =   J. M. Kearns, *The Lydian Consonant System*, dans *Kadmos*, XXXIII/1 (1994), pp. 38-59.

Kimball 1994 =   S. E. Kimball, *The IE short diphtongs* *oi, *ai, *ou and *au in *Hittite*, dans *Die Sprache*, 36/1 (1994), pp. 1-28.

Kimball 1999 =   S. E. Kimball, *Hittite Historical Phonology* (*IBS. Hauptreihe*, 95),

Innsbruck, 1999.
KLINGENSCHMITT 1982 = G. KLINGENSCHMITT, *Das altarmenische Verbum*, Wiesbaden, 1982.
KRONASSER 1956 = H. KRONASSER, *Vergleichende Laut- und Formenlehre des Hethitischen*, Heidelberg, 1956.
KZ = *Zeitschrift für vergleichende Sprachforschung*, Göttingen.
LAROCHE 1957-1958 = E. LAROCHE, *Comparaison du louvite et du lycien*, dans *BSL*, 53/1 (1957-1958), pp. 159-197.
LAROCHE 1960 = E. LAROCHE, *Comparaison du louvite et du lycien*, dans *BSL*, 55/1 (1960), pp. 155-183.
LAROCHE 1967 = E. LAROCHE, *Comparaison du louvite et du lycien* (suite), dans *BSL*, 62/1 (1967), pp. 46-66.
LAROCHE 1979 = E. LAROCHE, *Anaphore et deixis en anatolien*, dans E. NEU, W. MEID (éd.), *Hethitisch und Indogermanisch* (*IBS. Hauptreihe*, 25), Innsbruck, 1979, pp. 147-152.
LEJEUNE 1969 = M. LEJEUNE, *Discussions sur l'alphabet phrygien*, dans *SMEA*, X (1969), pp. 19-47.
LINDEMAN 1965 = F. O. LINDEMAN, *Note phonologique sur hittite eku- « boire »*, dans *RHA*, 23/76 (1965), pp. 29-32.
LITTMANN 1916 = E. LITTMANN, *Sardis*, VI, *Lydian Inscriptions*, I, Leiden, 1916.
LIV² = H. RIX (dir.), *Lexikon der indogermanischen Verben*, Wiesbaden, 2001².
LW = R. GUSMANI, *Lydisches Wörterbuch*, Heidelberg, 1964.
LWErg = R. GUSMANI, *Lydisches Wörterbuch. Ergänzungsband*, 3 fasc., Heidelberg, 1980-1984.
MACDONELL 1986 = A. A. MACDONELL, *A Sanskrit grammar for students*, Oxford, 1986³.
MARKEY 2001 = T. MARKEY, *A Tale of Two Helmets : The Negau A and B Inscriptions*, dans *The Journal of Indo-European Studies*, 29/1-2 (2001), pp. 69-172.
MASSON 1950 = O. MASSON, *Lydien Kaveś (καυες)*, dans *Jahrbuch für kleinasiatische Forschung*, 1 (1950), pp. 182-188.
MASSON 1962 = O. MASSON, *Les fragments du poète Hipponax. Édition critique et commentée* (*Études et commentaires*, XLIII), Paris, 1962.
MEIER-BRÜGGER 1982 = M. MEIER-BRÜGGER, *Zur lydischen Inschrift Nr. 50 im Louvre*, dans J. TISCHLER (éd.), *Serta Indogermanica. Festschrift für Günter Neumann zum 60. Geburtstag* (*IBS. Hauptreihe*, 40), Innsbruck, 1982, pp. 201-203.
MEILLET 1936 = A. MEILLET, *Esquisse d'une grammaire comparée de l'arménien classique*, Wien, 1936².
MELCHERT 1984 = H. C. MELCHERT, *Studies in Hittite Historical Phonology* (*Ergänzungshefte zur Zeitschrift für Vergleichende Sprachforschung*, 32), Göttingen, 1984.
MELCHERT 1987 = H. C. MELCHERT, *PIE velars in Luvian*, dans C. WATKINS (éd.), *Studies in Memory of Warren Cowgill (1929-1985). Papers from the Fourth East Coast Indo-European Conference. Cornell*

	University, June 6-9, 1985 (*Untersuchungen zur Indogermanischen Sprach- und Kulturwissenschaft. Neue Folge,* 3), Berlin - New York, 1987, pp. 182-204.
MELCHERT 1987b =	H. C. MELCHERT, *Reflexes of* *h₃ *in Anatolian,* dans *Die Sprache,* 33 (1987), pp. 19-28.
MELCHERT 1990 =	H. C. MELCHERT, *Adjectives in* *-iyo- *in Anatolian,* dans *HS,* 103/2 (1990), pp. 198-207.
MELCHERT 1991 =	H. C. MELCHERT, *The Lydian Emphasizing and Reflexive Particle -ś/-is,* dans *Kadmos,* XXX/2 (1991), pp. 131-142.
MELCHERT 1992a =	H. C. MELCHERT, *The Third Person Present in Lydian,* dans *IF,* 97 (1992), pp.31-54.
MELCHERT 1992b =	H. C. MELCHERT, *Relative Chronology and Anatolian : The Vowel System,* dans R. BEEKES, A. LUBOTSKY, J. WEITENBERG (éd.), *Rekonstruktion und relative Chronologie. Akten der VIII. Fachtagung der Indogermanischen Gesellschaft. Leiden, 31. August – 4. September 1987* (*IBS. Hauptreihe,* 65), Innsbruck, 1992, pp. 41-53.
MELCHERT 1993a =	H. C. MELCHERT, *Historical Phonology of Anatolian,* dans *The Journal of Indo-European Studies,* 21/3-4 (1993), pp. 237-257.
MELCHERT 1993b =	H. C. MELCHERT, *Lycian Lexicon* (*Lexica Anatolica,* 2), Chapel Hill, 1993².
MELCHERT 1993c =	H. C. MELCHERT, *Cuneiform Luvian Lexicon* (*Lexica Anatolica,* 2), Chapel Hill, 1993.
MELCHERT 1994a =	H. C. MELCHERT, *Anatolian Historical Phonology* (*Leiden Studies in Indo-European,* 3), Amsterdam - Atlanta, 1994.
MELCHERT 1994b =	H. C. MELCHERT, *PIE* *y > *Lydian d,* dans *Iranian and Indo-European Studies. Memorial Volume of Otakar Klíma,* Praha, 1994, pp. 181-187.
MELCHERT 1994c =	H. C. MELCHERT, *Anatolian,* dans F. BADER (éd.), *Langues indo-européennes* (*Sciences du langage*), Paris, 1994 [1997²], pp. 121-136.
MELCHERT 1994d =	H. C. MELCHERT, *The Feminine Gender in Anatolian,* dans G. E. DUNKEL, G. MEYER, S. SCARLATA, C. SEIDL (éd.), *Früh-, Mittel-, Spätindogermanisch. Akten der IX. Fachtagung der Indogermanischen Gesellschaft vom 5. bis 9. Oktober 1992 in Zürich,* Wiesbaden, 1994, pp. 232-244.
MELCHERT 1997 =	H. C. MELCHERT, *PIE Dental Stops in Lydian,* dans D. Q. ADAMS (éd.), *Festschrift for Eric P. Hamp. Vol. 2* (*Journal of Indo-European Studies. Monograph Series,* 25), Washington D. C., 1997, pp. 232-247.
MELCHERT 2000 =	H. C. MELCHERT, *Aspects of Cuneiform Luvian Nominal Inflection,* dans Y. L. ARBEITMAN (éd.), *The Asia Minor Connexion: Studies on the Pre-Greek Languages in Memory of Charles Carter* (*Orbis Supplementa,* 13), Leuven - Paris, 2000, pp. 173-183.
MELCHERT 2001 =	H. C. MELCHERT, *Critical Response to the Last Four Papers,* dans R. DREWS (éd.), *Greater Anatolia and the Indo-Hittite Language*

	Family. Papers Presented at a Colloquium Hosted by the University of Richmond, March 18-19, 2000 (Journal of Indo-European Studies. Monograph Series, 38), Washington D. C., 2001, pp. 229-235.
MELCHERT 2003a =	H. C. MELCHERT, *The Dialectal Position of Lydian and Lycian within Anatolian,* dans M. GIORGIERI, M. SALVINI, M.-C. TRÉMOUILLE, P. VANNICELLI (éd.), *Licia e Lidia prima dell'ellenizzazione. Atti del Convegno internazionale. Roma, 11-12 ottobre 1999 (Consiglio Nazionale delle Ricerche. Monografie scientifiche. Serie scienze umane e sociali),* Roma, 2003, pp. 165-272.
MELCHERT 2003b =	H. C. MELCHERT, *Language,* dans H. C. MELCHERT (éd.), *The Luwians (Handbook of Oriental Studies. Section One : The Near and Middle East,* 68), Leiden – Boston, 2003.
MELCHERT (à paraître) =	H. C. MELCHERT, *Second Thoughts on* *y *and* *h₂ *in Lydian* (à paraître).
MERIGGI 1935 =	P. MERIGGI, *Die erste Person Singularis im Lydischen,* dans *RHA,* 3/19 (1935), pp. 69-116.
MERIGGI 1936 =	P. MERIGGI, *Der indogermanische Charakter des Lydischen,* dans H. ARNTZ (éd.), *Germanen und Indogermanen: Volkstum, Sprache, Heimat, Kultur. Festschrift für Herman Hirt,* II, *Ergebnisse der Sprachwissenschaft (Indogermanische Bibliothek,* 3. Abteilung, *Untersuchungen,* 15. Band, II. Teil), Heidelberg, 1936, pp. 283-290.
MERIGGI 1963 =	P. MERIGGI, *Anatolische Satzpartikeln,* dans *RHA,* 21/72 (1963), pp. 1-33.
MERIGGI 1980 =	P. MERIGGI, *Schizzo grammaticale dell'anatolico (Atti della Accademia Nazionale dei Lincei. Memorie. Classe di scienze morali, storiche e filologiche. Serie 8,* XXIV/3), Roma, 1980.
MORPURGO DAVIES 1982-1983 =	A. MORPURGO DAVIES, *Dentals, Rhotacism and Verbal Endings in the Luwian Languages,* dans *KZ,* 96/2 (1982/83), pp. 245-270.
MSS =	*Münchener Studien zur Sprachwissenschaft,* München.
NEUMANN 1967 =	G. NEUMANN, *Der lydische Name der Athena,* dans *Kadmos,* VI/1 (1967), pp. 80-87.
NEUMANN 1969 =	G. NEUMANN, *Lydisch-hethitische Verknüpfungen,* dans *Athenaeum,* N. S. XLVII (1969), pp. 217-225.
NEUMANN 1988 =	G. NEUMANN, *Lydien,* dans *Reallexikon der Assyriologie,* 6/3-4, 1988, pp. 184-186.
OA =	*Oriens Antiquus,* Roma.
OETTINGER 1978 =	N. OETTINGER, *Die Gliederung des anatolischen Sprachgebietes,* dans *KZ,* 92/1-2 (1978), pp. 74-92.
OETTINGER 1979 =	N. OETTINGER, *Die Stammbildung des hethitischen Verbums (Erlanger Beiträge zur Sprach- und Kunstwissenschaft,* 64), Nürnberg, 1979 [2002²].
OETTINGER 1986 =	N. OETTINGER, *„Indo-Hittite"-Hypothese und Wortbildung (IBS. Vorträge und Kleinere Schriften,* 37), Innsbruck, 1986.

OETTINGER 1987 = N. OETTINGER, *Bemerkungen zur anatolischen* i-*Motion und Genusfrage,* dans *KZ,* 100/1 (1987), pp. 35-43.

OETTINGER 1995a = N. OETTINGER, *Griech. ὀστέον, heth.* kulēi *und ein neues Kollektivsuffix,* dans H. HETTRICH, W. HOCK, P.-A. MUMM, N. OETTINGER (éd.), *Verba et structurae. Festschrift für Klaus Strunk zum 65. Geburtstag (IBS. Hauptreihe,* 83), Innsbruck, 1995, pp. 211-228.

OETTINGER 1995b = N. OETTINGER, *Anatolische Etymologien,* dans *HS* 108 (1995), pp. 39-49.

PANDOLFINI, PROSDOCIMI 1990 = M. PANDOLFINI, A. L. PROSDOCIMI, *Alfabetari e insegnamento della scrittura in Etruria e nell'Italia antica (Istituto nazionale di studi etruschi ed italici. Bibliotheca di « Studi Etruschi »,* 20), Firenze, 1990.

PEDERSEN 1949 = H. PEDERSEN, *Lykisch und Hittitisch (Det Kgl. Danske Videnskabernes Selskab, historisk-filologiske Meddelelser,* XXX/4), København, 1949[2].

PIERRET 1994 = J.-M. PIERRET, *Phonétique historique du français (SPILL,* 19), Louvain-la-Neuve, 1994 (nouvelle édition).

PISANI 1964 = V. PISANI, *Recenti ricerche sul lidio,* dans *Paideia,* XIX (1964), pp. 241-247.

POETTO 1979 = M. POETTO, *Lidio* kofu-, dans *Incontri linguistici,* 5 (1979), pp. 198-200.

RASMUSSEN 1992 = J. E. RASMUSSEN, *The Distribution of* e *and* a *in Lycian,* dans R. BEEKES, A. LUBOTSKY, J. WEITENBERG (éd.), *Rekonstruktion und relative Chronologie. Akten der VIII. Fachtagung der Indogermanischen Gesellschaft. Leiden, 31. August – 4. September 1987 (IBS. Hauptreihe,* 65), Innsbruck, 1992, pp. 360-366.

RAY 1990 = J. D. RAY, *An Outline of Carian Grammar,* dans *Kadmos,* XXIX/1 (1990), pp. 54-83.

REA = *Revue des études anciennes,* Bordeaux.

RHA = *Revue hittite et asianique,* Paris.

RIEKEN 1999 = E. RIEKEN, *Untersuchungen zur nominalen Stammbildung des Hethitischen (StBoT,* 44), Wiesbaden, 1999.

RIL = *Rendiconti dell'Istituto Lombardo di Scienze e Lettere. Classe di lettere e scienze morali e storiche,* Milano.

RIKOV 2001 = G. T. RIKOV, *The Hittite Verbs in* -na- *and* -anna-, dans G. WILHELM (éd.), *Akten des IV. Internationalen Kongresses für Hethitologie. Würzburg, 4.-8. Oktober 1999 (StBoT,* 45), Wiesbaden, 2001, pp. 586-592.

ROSENKRANZ 1978 = B. ROSENKRANZ, *Vergleichende Untersuchungen der altanatolischen Sprachen (Trends in Linguistics. State-of-the-Art Reports,* 8), The Hague - Paris - New York, 1978.

SCHMIDT 1968 = G. SCHMIDT, *Zu den singularischen Genetiven der indogermanischen Personalpronomina,* dans *KZ,* 82 (1968), pp. 227-250.

SCHMITT 1982 = R. SCHMITT, *Iranische Namen in den indogermanischen Sprachen*

Kleinasiens (Lykisch, Lydisch, Phrygisch), dans M. MAYRHOFER, R. SCHMITT, *Iranisches Personennamenbuch, V, Iranische Namen in Nebenüberlieferungen indogermanischer Sprachen, 4 (Österreichische Akademie der Wissenschaften. Philosophisch-historische Klasse. Sonderpublikation der iranischen Kommission)*, Wien, 1982.

SCHÜRR 1997 = D. SCHÜRR, *Lydisches IV: Zur Grammatik der Inschrift Nr. 22 (Sardes)*, dans *Die Sprache*, 39/2 (1997), pp. 201-212.

SCHÜRR 1999 = D. SCHÜRR, *Lydisches I: Zur Doppelinschrift von Pergamon*, dans *Kadmos*, XXXVIII/2 (1999), pp. 163-174.

SCHÜRR 2000a = D. SCHÜRR, *Zur lydischen Felsinschrift von Silsilis*, dans *Incontri Linguistici*, 23 (2000), pp. 107-122.

SCHÜRR 2000b = D. SCHÜRR, *Drei lydische Komposita*, dans *Incontri Linguistici*, 23 (2000), pp. 123-129.

SCHÜRR 2000c = D. SCHÜRR, *Lydisches III: Rund um lydisch „Hund"*, dans *Kadmos*, XXXIX (2000), pp. 165-176.

SCHÜRR 2001 = D. SCHÜRR, *Nachtrag zu: Lydisches III*, dans *Kadmos*, XL/1 (2001), pp. 65-66.

SHEVOROSHKIN 1967 = V. SHEVOROSHKIN, *Lidijskij Jazyk*, Moskva, 1967.

SHEVOROSHKIN 1978 = V. SHEVOROSHKIN, *Studies in Hittite-Luwian Names*, dans *Names*, 26/3 (1978), pp. 231-257.

SMEA = *Studi micenei ed egeo-anatolici*, Roma.

SOMMER 1930 = F. SOMMER, *Das lydische und etruskische F-Zeichen* (Sitzungsberichte der Bayerischen Akademie der Wissenschaften, Philosophisch-historische Abteilung, Heft 1), München, 1930.

SPIER 1983 = J. SPIER, *Prehistoric and Protohistoric Periods*, dans G. M. A. HANFMANN (éd.), *Sardis from Prehistoric to Roman Times. Results of the Archaeological Exploration of Sardis 1958-1975*, Cambridge (Massachusetts) - London, 1983, pp. 17-25.

SPILL = *Série Pédagogique de l'Institut de Linguistique de Louvain*, Louvain-la-Neuve.

STARKE 1982 = F. STARKE, *Die Kasusendungen der luwischen Sprachen*, dans J. TISCHLER (éd.), *Serta Indogermanica. Festschrift für Günter Neumann zum 60. Geburtstag (IBS. Hauptreihe, 40)*, Innsbruck, 1982, pp. 407-425.

STARKE 1990 = F. STARKE, *Untersuchung zur Stammbildung des keilschrift-luwischen Nomens (StBoT, 31)*, Wiesbaden, 1990.

StBoT = *Studien zu den Boğazköy-Texten*, Wiesbaden.

STRAKA 1955 = G. STRAKA, *Les voyelles nasales*, dans *Revue de linguistique romane*, XIX (1955), pp. 245-274.

SZEMERÉNYI 1969 = O. SZEMERÉNYI, *Etyma latina II (7-18)*, dans *Studi linguistici in onore di Vittore Pisani*, vol. II, Brescia, 1969, pp. 963-994 980-981.

TISCHLER 1991 = J. TISCHLER, *Hethitisches etymologisches Glossar. III/8 : T, D. 1 (IBS. Hauptreihe, 20)*, Innsbruck, 1991.

TRITSCH 1950 = F. J. TRITSCH, *Lycian, Luwian et Hittite*, dans *Archiv Orientální,*

XVIII/1-2 (1950), pp. 494-518.

VAILLANT 1964 =   A. VAILLANT, *Manuel du vieux slave*, I, *Grammaire* (*Collection de manuels publiée par l'Institut d'Études slaves*, VI), Paris, 1964².

VAN BROCK 1962 =   N. VAN BROCK, *Dérivés nominaux en L du hittite et du louvite*, dans *RHA*, 20/71 (1962), pp. 69-168.

VAN BROCK 1968 =   N. VAN BROCK, *Luvian -š- Hittite -t-*, dans *Glotta*, XLVI (1968), pp. 117-121.

VETTER 1959 =   E. VETTER, *Zu den lydischen Inschriften* (*Sitzungsberichte der Österreichischen Akademie der Wissenschaften. Philosophisch-historische Klasse*, 232/3), Wien, 1959.

WALLACE 1982-1983 =   WALLACE R., *A Note on the Development of PIE *e and *ē in Anatolian*, dans *KZ*, 96/1 (1982-1983), 50-55.

WERNER 1967 =   R. WERNER, *Lydisch und Lykisch als indogermanische Sprachen*, dans *BiOr*, XXIV/3-4 (1967), pp. 135-139.

WEST 1972 =   M. L. WEST, *Lydian Metre*, dans *Kadmos*, XI/2 (1972), pp. 165-175.

WEST 1974 =   M. L. WEST, *The Lydian Accent*, dans *Kadmos*, XIII/2 (1974), pp. 133-136.

ZEILFELDER 2001 =   S. ZEILFELDER, *Archaismus und Ausgliederung. Studien zur sprachlichen Stellung des Hethitischen* (*Indogermanische Bibliothek: Reihe 3*), Heidelberg, 2001.

ZGUSTA 1964 =   L. ZGUSTA, *Kleinasiatische Personennamen*, Prague, 1964.

ZGUSTA 1984 =   L. ZGUSTA, *Kleinasiatische Ortsnamen* (*Beiträge zur Namenforschung, Neue Folge*, Beiheft 21), Heidelberg, 1984.

Index des formes lydiennes

A

-*a*- (pron. encl. 3ème pers. sing.), 55, 61, 66, 74, 92

aara- « cour, propriété », 45, 71

acγiI(ancienne lecture de *fac?l* ou *fac?il*), 59

afari- « descendant » ou « acte de donation » ?, 50

alikre- (anthroponyme), 35

aλa- « autre », 10, 35, 46, 48, 50, 55, 56, 62, 69, 70, 73, 83, 90, 97, 113

aλida- « changement (?) », 48, 70

aλiksãntru- (*aλiksantru*-) (anthroponyme) = Ἀλέξανδρος, 34, 35, 57, 58, 59, 62, 67

aλtoka- (obscur), 50, 107

amu « moi, à moi », 10, 35, 40, 41, 44, 46, 74, 91, 92, 102, 113

antola (*anlola*) « stèle funéraire », 51, 55, 83, 84, 85

ararm- (*alarm*-) « soi-même », 50, 52, 77, 82, 110

ardẽc « bien propre (?) », 113

arlili- « à soi, propre », 77

armτa- « d'Arma- (théonyme) », 49, 65, 75, 87, 108

arśamawad (sens obscur), 108

artabãnali- « d'Artabãna- (anthroponyme) », 33

artima- (*artyma*-) (anthroponyme), 37

artimu- (*artymu*-) (théonyme) = Ἄρτεμις, 34, 35, 36, 37, 56, 79, 80, 81, 85, 100, 104

arwo- « s'approprier (?) », 77, 81, 90, 113

aśaã- « faveur (?) », 34

aśfã- « fortune » *vel sim.*, 34

aśtrko- (*aśturko*-) (substantif, sens obscur), 51, 52, 106

ateli- « d'Ate- (anthroponyme) », 85

atraśta- (anthroponyme) = Ἀδράστης, 58, 67

atraśtali- « d'Atrasta- (anthroponyme) », 84, 85

atrgoli- (adj. (?), sens obscur), 58

atrokl (obscur : cfr *atrgoli*-), 58, 67

awλã- (partie d'une tombe ?), 43, 83, 90

Ã

ãnas (obscur), 82

ãnτẽt (obscur), 101

B

b[-]rsfantu- (obscur), 90

bartara- (anthroponyme), 57

bi- « il, elle », 10, 51, 52, 67, 72, 81, 85, 86, 92, 93

bid- « donner », 69, 76, 89, 101

biferśt (forme verbale, sens obscur), 104

bili- « son », 10, 60, 85, 86, 93

bimi- (verbe, sens obscur), 103

bira- « maison », 42, 90

bitaa- *(bita-)* (verbe, sens obscur), 55

borli- *(forli-)* « année », 26, 40, 45, 80, 106

brafra- (nom, sens obscur), 87

brafrsi- (nom, sens obscur), 87

brwa- « année », 35, 77

bu(-k) « ou », 40, 45, 61

bλtarwo- « appartenant à », 90

C

ca- « dédier, consacrer », 109, 112

caqrla- « sacré (?) », 49

ces- (verbe, sens obscur), 102

cẽn(a)- « consacrer », 93, 98, 109

cẽnsi- « consacrer (?) », 49

cẽqra- « saint, sacré (?) », 49

ciw- « dieu », 60, 66, 75, 83, 103

L

labta- (substantif, sens obscur), 83
laλē- « dire, prononcer (?) », 112
lamētru- (théonyme) = Δημήτηρ, 57
laqrisa- (*laqirisa-*) (élément d'une tombe), 83, 84, 85
lew- (théonyme) = Ζεύς, 47, 48, 57, 61, 75, 79, 100
lēkǫugi (obscur), 58

M

malāν (obscur), 56
mane- (anthroponyme), 35, 56, 86
maneli- « de Mane- (anthroponyme) », 79, 80
midaτa- « de Mida- (anthroponyme) », 87
mitridasta- (anthroponyme), 30
-mλ- (pron. encl. 3ème pers., dat.-loc. sing.), 92, 93
mλimna- (sens obscur), 76, 104
mλola « partie » *vel sim.*, 51, 83, 87, 99
mλwēnda- « partie (?) », 87
mλwēsi- (nom, sens obscur), 87
mru- « chambre funéraire », 80
-mś- (pron. encl. 2ème/3ème pers., dat. pl.), 93

N

nāν (adverbe, sens obscur), 77, 96
nāqi- (pron. relatif indéfini), 96, 97
nāqid-a (pron. relatif indéfini), 97
nid « ne … pas », 44, 113
niqaslli- « qui ne possède pas (?) », 91
niwiśśi- « mauvais, délictueux, impie » (?), 76, 91

O

ora- « mois », 40
ow- « proclamer », 45, 46, 48

Q

qaλmu- (*qaλmλu-*) « roi », 32, 57, 77
qa(a)s- « posséder », 41, 57, 68
qaasli- « qui possède (?) », 91
qasaa- « possession » *vel sim.*, 57, 68, 91
qela- « terrain, sol », 73, 80
qeśi- « n'importe qui, n'importe quel », 10, 97
qi- (*qy-*, *qe-*) (pron. rel.), 36, 37, 40, 43, 44, 45, 47, 58, 62, 70, 91, 95, 96, 97
qid-a (pron. relatif indéfini), 96, 97

qi-k (pronom indéfini), 58, 62, 97
qira- (*qyra-/qiraa-*) « bien immobilier, propriété », 36, 37, 40
qisre- « épargner » *vel sim.*, 99
qistori- (verbe, sens obscur), 49
qλdān- (théonyme), 32, 69, 80
qrifrit (obscur), 90

R

rawa- « accorder (?) », 51

S

sadmē- « σῆμα », 48, 70, 76, 79, 91
sarēta- « protecteur », 36, 112
saroka- « protection », 71, 103, 107
sary- (obscur), 37
sawēn- « voir, connaître » *vel sim.*, 89, 103, 109
sawtaar- « gardien » *vel sim.*, 48, 89, 107
sawtari- « protéger, garder » *vel sim.*, 107
sawwaśta- « conserver (?) », 113
serli- (*selli-*) « autorité (suprême) », 71, 74, 76, 79, 86
silawa- « soigner » *vel sim.*, 108
sirma- (*syrma-*) « temple », 37, 40, 60
siruk- (anthroponyme), 60
siśirorś (forme verbale, sens obscur), 103
siwāmli- « de Siwām- (anthroponyme) », 85
siwraλmi- « prêtre » *vel sim.*, 81, 85, 100, 104
srmli- « du temple », 49

Ś

-ś (particule réflexive et emphatique), 48, 51, 59, 70, 77, 82
śanē- « offense (?), blessure (?) », 56
śfar(i?)- « Sardes », 60, 89
śfarda- « habitant de Sardes », 58, 60, 83, 89
śfardēt(i)- « de Sardes », 60, 88, 89, 104, 112
śfarwa- « serment », 40, 41, 69, 74, 76, 108
śfato- « propriétaire (?), parent (?) », 74
śfēn(i)- « parent », 75, 76, 80, 81, 85, 88, 89
śfēnda- « bien propre » *vel sim.*, 50, 81

T

ta(a)c- « offrande » *vel sim.*, 46, 60, 62, 79, 89, 104
taada- « père », 43, 50, 67, 72
tam- « construire, ériger (?) », 101

BIBLIOTHÈQUE DES CILL (BCILL)

VOLUMES RÉCENTS

Tous les volumes antérieurs de la BCILL sont disponibles et peuvent être commandés chez les Editions Peeters

BCILL 90: J.-M. ELOY, *La constitution du Picard: une approche de la notion de langue*, IV-259 pp., Louvain-la-Neuve, Peeters, 1997. Prix: 23 €. ISBN 90-6831-905-1.
Cet ouvrage fait le point sur le cas picard et développe une réflexion originale sur la notion de langue. À partir des théories linguistiques, de l'histoire du fait picard et d'une démarche principalement sociolinguistique, l'auteur dégage des résultats qui éclairent la question des langues régionales d'oïl, et au delà, intéressent la linguistique générale.

BCILL 91: L. DE MEYER, *Vers l'invention de la rhétorique. Une perspective ethnologique sur la communication en Grèce ancienne*, 314 pp., Louvain-la-Neuve, Peeters, 1997. Prix: 28 €. ISBN 90-6831-942-6.
L'auteur, s'inspirant des données de l'ethnologie de la communication, tente une description généalogique des différents «niveaux de conscience» du discours qui ont précédé celui de la rhétorique proprement dite. Le passage des «proto-rhétoriques», encore fortement liées à la «parole efficiente», à la rhétorique est analysé dans ses rapports aux nouveaux usages de l'écriture, à la crise de l'expérience démocratique athénienne et à l'avènement de la philosophie.

BCILL 92: J. C. HERRERAS (éd.), *L'enseignement des langues étrangères dans les pays de l'Union Européenne*, 401 pp. Louvain-la-Neuve, Peeters, 1998. Prix: 36 €. ISBN 90-429-0025-3.
L'Union Européenne, en choisissant de garder onze langues officielles, a fait le pari de la diversité linguistique. Mais cette option a aussi ses exigences, puisque, pour faciliter la mobilité des citoyens et assurer une meilleure intercompréhension à l'intérieur de la Communauté, l'apprentissage des langues des partenaires européens est indispensable. Le présent ouvrage essaie d'analyser dans quelle mesure la politique linguistique des pays membres contribue à atteindre ces objectifs.

BCILL 93: C. DE SCHAETZEN (éd.), *Terminologie et interdisciplinarité. Actes du Colloque organisé en avril 1996 par le Centre de terminologie de Bruxelles (Institut Libre Marie Haps) et l'Association internationale des Professeurs de Langues vivantes*, 184 pp., Louvain-la-Neuve, Peeters, 1997. Prix: 17 €. ISBN 90-6831-949-3.
La terminologie des spécialistes est à la fois obstacle et vecteur de communication inderdisciplinaire. Ce volume constitue les *Actes* d'un Colloque centré sur les rapports entre terminologie et inderdisciplinarité.

BCILL 94: A. MANIET, *Répercussions phonologiques et morphologiques de l'évolution phonétique: le latin préclassique*, XIV-303 pp., Louvain-la-Neuve, Peeters, 1997. Prix: 28 €. ISBN 90-6831-951-5.

L'ouvrage vise à tester, sur le plan phonique, le principe fonctionnaliste d'économie. La démonstration se base sur la série algorithmique, quantifiée, des changements phoniques qui ont fait aboutir le système d'un corpus reconstitué au système représenté par un corpus latin préclassique, y compris les variantes morphologiques.

BCILL 95: **A. TABOURET-KELLER** (éd.), *Le nom des langues. I. Les enjeux de la nomination des langues*, 274 pp., Louvain-la-Neuve, Peeters, 1997. Prix: 24 €. ISBN 90-6831-953-1.
Nommer une langue, loin d'être une question linguistique, relève d'enjeux qui intéressent aussi bien les institutions que les personnes et qui sont souvent contradictoires. Dans ce premier tome d'une série traitant du *nom des langues*, une dizaine d'études illustrent cette problématique en s'appliquant chacune à un cas bien particulier.

BCILL 96: **A. MEURANT**, *Les Paliques, dieux jumeaux siciliens*, 123 pp., Louvain-la-Neuve, Peeters, 1998. Prix: 13 €. ISBN 90-429-0235-3.
Une étude détaillée du mythe et du culte de très vieilles divinités siciliennes devenues symboles de liberté et consultées pour éprouver la bonne foi. La formation de leur légende, la nature de leur gémellité et leurs relations avec les Δέλλοι y sont particulièrement analysées.

BCILL 97: **Y. DUHOUX** (éd.), *Langue et langues. Hommage à Albert MANIET,* 289 pp., Louvain-la-Neuve, Peeters, 1998. Prix: 27 €. ISBN 90-429-0576-X.
Treize articles (de Y. DUHOUX, É. ÉVRARD, G. JUCQUOIS, M. LAVENCY, A. LÉONARD, G. MALONEY, P. MARTIN, A. PAQUOT, R. PATRY, E.C. POLOMÉ, É. TIFFOU, K. TUITE) traitent d'indo-européen, de grec ancien, de latin, de français contemporain, de bourouchaski, de svane, et de la langue conçue comme thermomètre social.

BCILL 98: **F. BENTOLILA** (éd.), *Systèmes verbaux*, 334 pp., Louvain-la-Neuve, Peeters, 1998. Prix: 39 €. ISBN 90-429-0708-8.
Les quinze descriptions présentées dans cet ouvrage, toutes fondées sur les mêmes principes théoriques, fourniront des matériaux homogènes à la typologie et à la comparaison. Les auteurs ont eu le souci de dégager les unités par commutation, de distinguer unité et variante d'unité, et de répartir les déterminants en classes sur la base de l'exclusion mutuelle. À partir de leurs travaux, on perçoit mieux la spécificité des déterminants grammaticaux du verbe par rapport aux marqueurs d'opération énonciative (assertion, interrogation, injonction), aux subordonnants et aux affixes de dérivation.

BCILL 99: **Sv. VOGELEER, A. BORILLO, C. VETTERS, M. VUILLAUME** (éds), *Temps et discours*, 282 pp., Louvain-la-Neuve, Peeters, 1998. Prix: 26 €. ISBN 90-429-0664-2.
Les articles réunis dans ce volume explorent trois aspects des rapports entre temps et discours: la référence temporelle; la relation entre type de discours et emploi des temps verbaux; les manifestations discursives du développement du système temporel au cours de l'acquisition. Ce livre intéressera tous les linguistes qui étudient la temporalité.

BCILL 100: *Hethitica XIV*, 177 pp., Louvain-la-Neuve, Peeters, 1999. Prix: 16 €. ISBN 90-429-0732-0.
Treize articles de S. de Martino, M. Forlanini, D. Groddek, R. Lebrun, M. Mazoyer, E. Neu, A. Polit, M. Popko, O. Soysal, F. Imparati.

BCILL 101: **H. FUGIER**, *Syntaxe malgache*, 253 pp., Louvain-la-Neuve, Peeters, 1999. Prix: 23 €. ISBN 90-429-0710-X.
Cette *Syntaxe* décrit l'état de langue dit *malgache officiel*, sur base d'un corpus dont sont analysés en détail 450 énoncés, échelonnés du *classique ancien* à la *langue commune* actuelle. Chaque classe de constituants est définie par son utilité fonctionnelle dans la construction de la phrase. L'auteur montre comment l'énoncé grammatical se complexifie par un jeu d'applications successives où interviennent des phénomènes typologiquement remarquables (voix multiples, nom verbal avec son possesseur-agent, verbes sériés...).

BCILL 102: **Ph. BLANCHET, R. BRETON, H. SCHIFFMAN** (éd.), *Les langues régionales de France: un état des lieux à la veille du XXIe siècle – The Regional Languages of France: an Inventory on the Eve of the XXIst Century*, 202 pp., Louvain-la-Neuve, Peeters, 1999. Prix: 18 €. ISBN 90-429-0791-6.
Des (socio)linguistes, ethnologues, géographes, juristes et responsables de l'enseignement dressent le panorama des problèmes de six langues régionales de France: alsacien, basque, breton, corse, occitan, provençal.

BCILL 103: **S. VANSÉVEREN**, *«Prodige à voir». Recherches comparatives sur l'origine casuelle de l'infinitif en grec ancien*, 192 pp., Louvain-la-Neuve, Peeters, 2000. Prix: 18 €. ISBN 90-429-0835-1.
Étude sur l'origine casuelle de l'infinitif grec ancien, principalement en grec homérique. L'optique est comparative, morphologique, syntaxique, prosodique, mais surtout méthodologique, prenant en compte les problèmes fondamentaux de la grammaire comparée des langues indo-européennes. En plus du grec, sont examinés les faits en latin, sanskrit védique, avestique, hittite, arménien, tokharien, germanique, vieux slave, balte et celtique.

BCILL 104: **Yves DUHOUX**, *Le verbe grec ancien. Éléments de morphologie et de syntaxe historiques* (deuxième édition, revue et augmentée), Louvain-la-Neuve, Peeters, 2000, 561 pp. Prix: 50 €. ISBN 90-429-0837-8.
La deuxième édition de ce livre étudie la structure et l'histoire du système verbal grec ancien. Menées dans une optique structuraliste, les descriptions morphologiques et syntaxiques sont toujours associées, de manière à s'éclairer mutuellement. Une attention particulière à été consacrée à la délicate question de l'aspect verbal. Les données quantitatives ont été systématiquement traitées, grâce à un *corpus* de plus de 100.000 formes verbales s'échelonnant depuis Homère jusqu'au IVe siècle.

BCILL 105: **F. ANTOINE**, *Dictionnaire français-anglais des mots tronqués,* LX-209 pp., Louvain-la-Neuve, Peeters, 2000. Prix: 24 €. ISBN 90-429-0839-4.
Ce dictionnaire bilingue français-anglais présente les mots tronqués ("doc" pour "docteur", etc.) du français. Il propose pour chaque terme: une traduction en anglais la plus fidèle possible du point de vue historique et stylistique; des mises en contexte propres à faire apparaître d'autres traductions; des citations qui l'illustrent; l'information lexicologique pertinente. L'ouvrage est précédé d'une étude des aspects historiques, sociologiques, morphologiques et psychologiques des mots tronqués.

BCILL 106: **F. ANTOINE**, *An English-French Dictionary of Clipped Words,* XLIV-259 pp., Louvain-la-Neuve, Peeters, 2000. Prix: 27 €. ISBN 90-429-0840-8.
This book is a bilingual dictionary of English clipped words ("doc" for "doctor", etc.).

It offers for each headword: one or several translations into French, which aim to be as accurate as possible from the historical and stylistic point of view; examples of usage to show other possible translations; illustrative quotations; the pertinent lexicological data. The dictionary proper is preceded by an analysis of the historical, sociological, morphological and psychological aspects of clippings.

BCILL 107: **M. WAUTHION - A. C. SIMON** (éd.), *Politesse et idéologie. Rencontres de pragmatique et de rhétorique conversationnelles,* 369 pp. Louvain, Peeters, 2000. Prix: 33 €. ISBN 90-429-0949-8.
Ce volume représente les actes du colloque qui, en novembre 1998, a réuni à Louvain-la-Neuve une trentaine de chercheurs francophones pour explorer les rapports entre linguistique et littérature autour du thème de la politesse des échanges et de la rhétorique des conversations. Ces univers scientifiques distincts nous rappellent la vocation de la politesse à agir dans la science classique comme dénominateur commun du savoir et du savoir-vivre.

BCILL 108: **L. BEHEYDT — P. GODIN — A. NEVEN — B. LAMIROY — W. VAN BELLE — J. VAN DER HORST — W. VAN LANGENDONCK** (éd.), *Contrastief onderzoek Nederlands-Frans / Recherches contrastives néerlandais-français,* 239 pp., Louvain, Peeters, 2001. Prix: 21 €. ISBN 90-6831-1004-6.
Ce recueil interpellera linguistes, didacticiens, traducteurs et enseignants soucieux de voir leurs pratiques éclairées par les données de la recherche. Problèmes de phonétique et de morphologie, de syntaxe et de sémantique, démarches fonctionnelles et cognitives conduiront le lecteur à bien des considérations, parfois audacieuses, toujours dûment motivées. Ces textes ont été présentés lors du colloque de linguistique contrastive "Néerlandais-Français" organisé en étroite collaboration entre l'UCL et la KUL, en mars 2000 à Louvain-la Neuve.

BCILL 109: *Hethitica XV. Panthéons locaux de l'Asie Mineure pré-chrétienne. Premier Colloque Louis Delaporte – Eugène Cavaignac (Institut Catholique de Paris, 26-27 mai 2000), Acta Colloquii edenda curavit* René LEBRUN, 244 pp., 2002. Prix: 23 €.

BCILL 110: **J. PEKELDER**, *Décodage et interprétation. Ordres linguistique, iconique et pragmatique en néerlandais contemporain*, 298 pp. Louvain, Peeters, 2002. Prix: 42 €. ISBN: 90-429-1139-5.
Quel est le comportement du récepteur natif en néerlandais contemporain? Quelles sont les stratégies de décodage et d'interprétation de l'organisation linéaire des constituants? Comment construire valablement un modèle permettant de simuler ces stratégies? Telles sont les principales questions qu'aborde ce livre.

BCILL 111: **P. LORENTE FERNÁNDEZ**, *L'aspect verbal en grec ancien. Le choix des thèmes verbaux chez Isocrate,* 400 pp., Louvain, Peeters, 2003. Prix: 36 €. ISBN 90-429-1296-0.
Cet ouvrage présente une approche nouvelle du difficile problème de l'aspect verbal en grec ancien. Utilisant une base informatisée de 14980 formes verbales, il étudie en détail une cinquantaine de facteurs (morphologiques, syntaxiques et lexicaux) susceptibles d'avoir une incidence sur le choix aspectuel. Il en résulte que les temps de 95% des formes du corpus sont explicables par un ou plusieurs facteurs dont l'influence est statistiquement démontrable.

BCILL 112: **H. BOUILLON** (éd.), *Langues à niveaux multiples. Hommage au Professeur Jacques Lerot à l'occasion de son éméritat,* 284 pp. Louvain, Peeters, 2004. Prix: 25 €. ISBN 90-429-1428-9.
Une moisson de faits de langue dans des cultures aussi bien proches qu'éloignées comme le Burundi ou Madagascar, examinés d'un point de vue linguistique, littéraire ou didactique: c'est ce que rassemblent les 18 articles de ce volume offert à Jacques Lerot à l'occasion de son éméritat. Leurs 21 auteurs ont voulu exprimer leur amitié au collègue émérite en employant les langues qui lui tiennent à cœur, français, allemand, néerlandais ou anglais.

BCILL 113: **É. TIFFOU** (éd.), *Bourouchaskiana. Actes du Colloque sur le bourouchaski organisé à l'occasion du XXXVIᵉ Congrès international sur les Études asiatiques et nord-africaines (Montréal, 27 août — 2 septembre 2002),* 124 pp., Louvain-la-Neuve, Peeters, 2004. Prix: 15 €. ISBN 90-429-1528-5
Ces *Bourouchaskiana* présentent un panorama des connaissances relatives au bourouchaski, langue sans parenté démontrée et qui constitue un isolat parlé par seulement quelques dizaines de milliers de locuteurs dans l'extrême nord du Pakistan. On y trouvera six articles dus à cinq éminents spécialistes: E. Bashir, H. Berger, Y. Morin, É. Tiffou et H. van Skyhawk.

BCILL 114: **R. GÉRARD**, *Phonétique et morphologie de la langue lydienne,* 130 pp., Louvain-la-Neuve, Peeters, 2005. Prix: 15 €. ISBN 90-429-1574-9
Le lydien est une langue indo-européenne appartenant au groupe anatolien, à l'instar du hittite, du louvite, du palaïte, du lycien ou du carien. Elle est attestée par des inscriptions datées des VIIIᵉ-IIᵉ s. av. J.-C. Ce livre présente un état des lieux le la phonétique et de la morphologie lydienne.

SÉRIE PÉDAGOGIQUE DE L'INSTITUT DE LINGUISTIQUE DE LOUVAIN (SPILL)

Tous les volumes antérieurs de la SPILL sont disponibles et peuvent être commandés chez les Editions Peeters

SPILL 20: C. CAMPOLINI, V. VAN HÖVELL, A. VANSTEELANDT, *Dictionnaire de Logopédie: Le développement normal du langage et sa pathologie.* XVI-138 pages; 1997. Prix: 12 €. ISBN 90-6831-897-7.
Cet ouvrage rassemble les termes utilisés en logopédie-orthophonie pour décrire la genèse du langage et les troubles qui peuvent entraver les processus normaux de son acquisition. Première étape d'une réflexion qui cherche à construire un outil terminologique spécialement destiné aux professionnels du langage, il s'adresse également aux parents et enseignants, témoins privilégiés de l'évolution linguistique des enfants.

SPILL 21: Fr. THYRION, *L'écrit argumenté. Questions d'apprentissage,* 285 pp., Louvain-la-Neuve, Peeters, 1997. Prix: 25 €. ISBN 90-6831-918-3.
Ce livre est destiné aux enseignants du secondaire et du supérieur qui ont à enseigner la tâche créative à haut degré de complexité qu'est l'écrit argumenté. Les opérations d'un apprentissage progressif et adapté au niveau des apprenants y sont passées en revue, de même que les étapes et les indices de la maîtrise du processus.

SPILL 22: C. CAMPOLINI, V. VAN HÖVELL, A. VANSTEELANDT, *Dictionnaire de logopédie: Les troubles logopédiques de la sphère O.R.L.,* XV-123 pages; 1998. Prix: 15 €. ISBN 90-429-006-7.
Ce livre est une suite logique d'un premier ouvrage et se veut une étape dans la construction d'un dictionnaire exhaustif du langage logopédique. Il aborde les domaines du dysfonctionnement tubaire, de l'orthopédie dento-faciale, de la dysphagie et dysphonies. S'il s'adresse bien sûr aux logopèdes-orthophonistes, il cherche aussi à interpeller les spécialistes de l'équipe pluridisciplinaire et susciter ainsi la rencontre de savoir-faire complémentaires.

SPILL 23: Ph. BLANCHET, *Introduction à la complexité de l'enseignement du français langue étrangère,* 253 pp., Louvain-la-Neuve, Peeters, 1998. Prix: 23 €. ISBN 90-429-0234-5.
Cet ouvrage novateur propose un parcours à travers les questions fondamentales qui se posent quant à la diffusion et l'enseignement du «Français Langue Étrangère». On les examine de points de vue issus de courants scientifiques récents (interculturalité, pragmatique, sociolinguistique, sciences de l'éducation), dans une éthique pluraliste respectueuse de l'Autre, associant diversité et unité. Une bibliographie fournie étaye le propos et ouvre vers des développements ultérieurs. Ce livre s'adresse à ceux qui désirent s'initier à la didactique des langues, s'orienter vers l'enseignement et la diffusion du F.L.E., ainsi que plus largement à tous ceux que la question des langues et de culture intéresse.

SPILL 24: **J. GRAND'HENRY**, *Une grammaire arabe à l'usage des Arabes*, 154 pp., Louvain-la-Neuve, Peeters, 1999. Prix: 13 €. ISBN 90-429-0761-4.
L'étudiant francophone qui souhaite apprendre la langue arabe dans une université européenne utilisera généralement une grammaire arabe rédigée en français par un arabisant, et il y en a d'excellentes. S'il dépasse le niveau élémentaire et veut se perfectionner par des séjours linguistiques en pays arabe, il se trouvera rapidement confronté à un problème difficile: celui de la grammaire arabe à l'usage des Arabes, la seule employée par les enseignants arabophones dans l'ensemble du monde arabe, qu'elle s'adresse à des étudiants arabophones ou non. Pour cette raison, l'auteur du présent ouvrage s'efforce depuis plusieurs années d'initier ses étudiants au vocabulaire technique de la grammaire arabe destinée aux Arabes. On aperçoit l'avantage d'une telle méthode: permettre à l'étudiant francophone d'aborder d'emblée des cours de perfectionnement de niveau supérieur en pays arabe, en ayant acquis au préalable les bases indispensables. Il s'agit ici de la traduction et des commentaires d'un manuel libanais largement utilisé dans les écoles du monde arabe.

SPILL 25: **C. CAMPOLINI, V. VAN HÖVELL, A. VANSTEELANDT**, *Dictionnaire de logopédie: Le développement du langage écrit et sa pathologie*. Louvain-la-Neuve, Peeters, 2000. Prix: 15 €. ISBN 90-429-0862-9.
Ce troisième volet du «dictionnaire de logopédie» s'inscrit comme une suite logique des deux ouvrages qui l'ont précédé. Après avoir envisagé le langage oral, son évolution normale et les troubles qui peuvent entraver son développement, les auteurs se devaient de prolonger leur réflexion en se penchant sur le langage écrit dont le point d'encrage s'appuie sur un ensemble de bases linguistiques, préalablement intégrées.

SPILL 26: **C. CAMPOLINI, A. TIMMERMANS, A. VANSTEELANDT**, *Dictionnaire de logopédie. La construction du nombre*. Louvain-La-Neuve, Peeters, 2002. Prix: 15 €. ISBN 90-429-1093-3.
Cet ouvrage prolonge la réflexion terminologique poursuivie dans le secteur de la logopédie. Les auteurs abordent ici un domaine qui peut apparaître, de prime abord, assez éloigné de la vocation paramédicale première des logopèdes. L'élaboration de la notion de nombre est d'ailleurs un domaine qui intéresse tout autant les enseignants, les psychologues et les éducateurs en général, spécialisés ou non. Les logopèdes sont pourtant souvent sollicités pour la rééducation des troubles d'apprentissage en calcul dont les causes profondes doivent être recherchées dans les toutes premières étapes du développement cognitif.